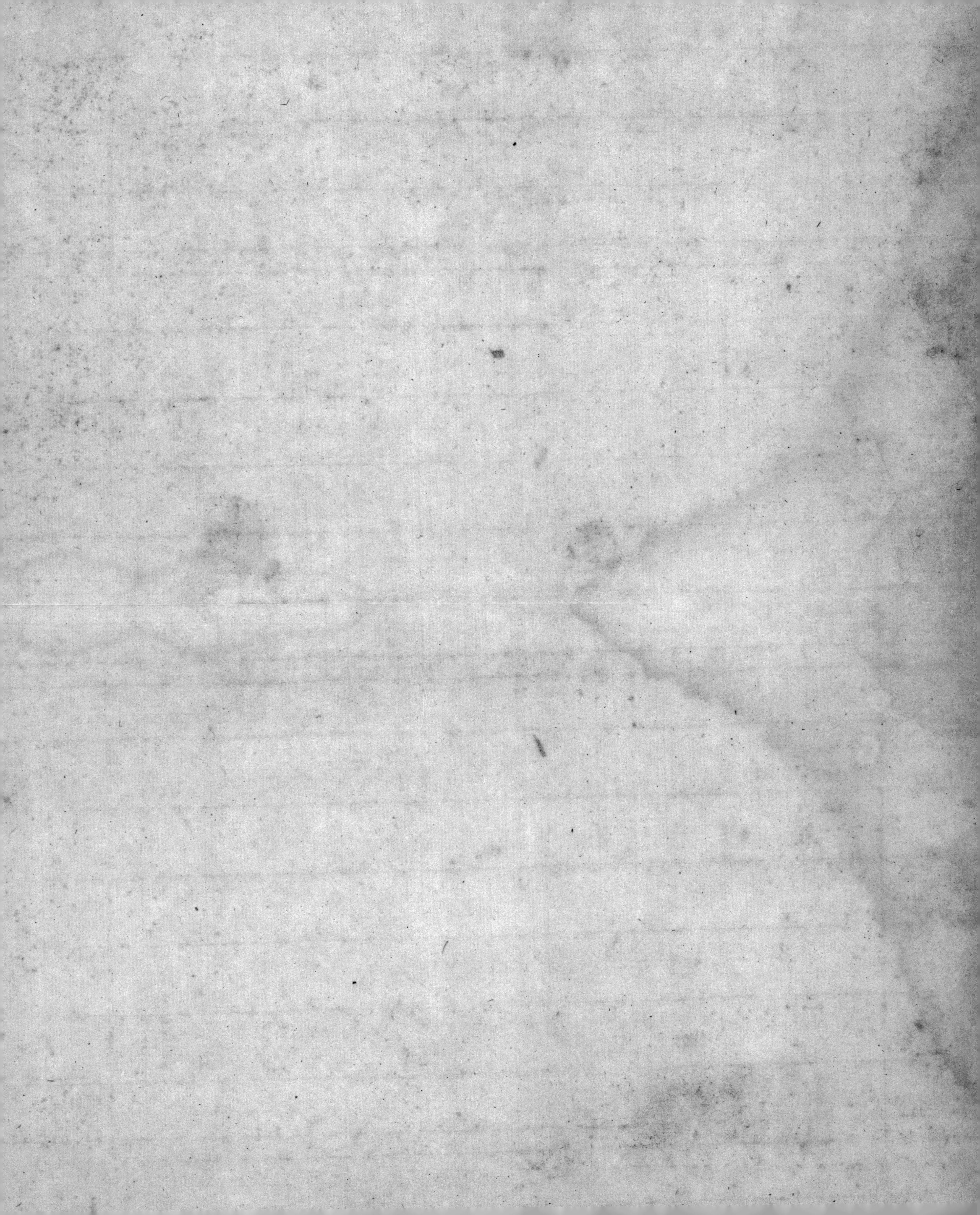

防虜車銃議

臣聞有國大事。無如治民。用兵。以正治民。以奇用兵。正處常。而奇處變。處常易。而處變難。故明王英辟。爰以兵為奇道。非學難能。急遽難辦。講武農隙。除器萃聚。甚至任權貴謀。挾數用術。亦未嘗緣治安而諱言焉。承平日久。武事不講。邊防則日陵月替。邊餉則日盛月增。東隅連殞大帥。西陲時肆跳梁。

國家之神氣何如也。百姓奔命於外。帑藏告竭於內。

國家之元氣何如也。臣聞

國初九邊歲額百餘萬。成弘間二百餘萬。

世廟時旋增至三百萬。今四百萬矣。司農一歲所入。僅足邊費。竊計癸巳以來。西征東援兼之黔蜀用兵。約費二千餘萬。八年之間。通共九邊年例。至六千萬。是一年貢賦。止供半年之用。目今

兩宮幸已落成。三殿正值興作。南北干戈甫戢。而倭奴復生釁端。各邊醜虜為我寇讎者。蹂踐疆土。戕刈人民。為患不必言矣。然有素稱恭順。奉我約束者。恣睢睥睨。自矜我利其款。而畏其變。挟市挟賞。歲增一歲。暴戾驕横。日甚一日。即其情形。雖云禍機攸伏。猶可窺測。至於奴素二酋。據有富饒之地。自謂金人種類。近幷猛骨孛囉部落。結搆臣憨。小歹青

華以為聲援。納我逋逃。瞰我单弱。陽為輸款。陰蓄逆謀。天幸用我華人。龔姓者為謀主。此人不忘宗國。未致遼薊萬一。老死。二酋之患。倘不在元昊之下。諺云。以勢交者。勢盡則踈。以利合者。利盡則散。同類尚然。豺狼犬羊。無威以懾其中。徒以利誘於外。恃款忘備。真厝火積薪之下。爾試觀

國家財用若此其詘。邉費若彼其鉅。此何以故。武事不講。兵制久弛。軍實難討。致之也。

故奸商議豪採入紀軍實錄竊設以已
國課日若其錢遺責在彼其鉅且在以
特設泥滴真偽火精藥之下通論額
紛擾天羊無敢以偏其中徒以利誘於外
勞盡則殘以利合者利盡則散同類相殘遂
商之處偕不在乃足以下諸以勞役為
主其入不滿其圖未致議權一來乃止
採陰當道憑天章用致華入蠹其破殆為謀
軍以為廣權給事運通職故宜責謀為飭

東征考

鑛近年於西譬諸議採國務令青
於效奏之富有富饒之地自謂金入種
曰即其情治鑛石採據以伏衛可竊測也
變採市橫實敢一議虞暴吏驕橫日甚一
紛東者流雖明暇自令敢利其數而民其
人民為憂不忍言矣況有盡羅米鹽奉為
諸各邊虎虞為務況鑰有招撫上奴入
三殿正值興作需此千大用挹倣故從中費
兩宮幸已災矣

夫絶利一源。用師十倍。臣額今日邊臣責
任在身。一其心志。講求戰守制馭之法。反
短制長。曰敵制勝。臣額今日邊臣。事權在
手。毋狃故常。痛懲野戰非策。儲蓄自衛殺
敵之器。周禮理財。先出後入。臣額今日邊
臣。顧思
國恩。潔己急公。務使軍實可討。夫如是。則談
笑可以制虜。防邊之能事畢矣。臣請畢其
戰守制馭之法。自衛殺敵之器。緣斯二者。

以得節省財用之故。實非創自臣之臆見
勦說。一皆本之經史。參之韜鈐。又非窮兵
黷武。召禍啓釁。亦不為增兵增餉。勞擾海
內。重困目前。惟原額之兵。用器加其膽勇。
原額之器。設法加其利便。足成攻心伐謀。
不戰屈人之術尓。惟
皇上賜垂聽焉。從来敵强宜避其鋭。求掩其長。
斯可言戰。方稱得策。自古禦虜得策。無如
成周。以兵制用車故也。降而漢晉唐宋。名

故周以兵制用車故已行而漢晉唐宋治
斯可言戰之稱倡策自古樂語得策無治
皇上聰兼聽高從來兩議宜通其說未協其長
不徵處入以術不許
須紹之器效法而其利便以收效以致其
內重用自前保原類以兵用器可且嚴遏
精貢合福原豐市以商擔以擔論勢撤
勁議一苷本之鍵史奈之書令又非窩帝
以得舒好財用以故實非窮自田之應見

車紀表

戰守制段之法自衛發戰之器發揮二者
資可以制勝防邊之餘重畢多臣請其
國固漫已急公務使軍實可計夫如是則錢
臣備恩
職之器用盡理財先出後入臣須今日邊
事安危故常篇變野戰非策備者自衛致
種制表曰敵制勝臣徧令日邊臣事權在
任在身一其以為講求戰守制勝之法及
夫然利一源用師十倍臣請今日邊臣實

將。如衛青以武剛自衛。深入絕漠。馬隆用偏箱。復通西涼。衷行倫之制突厥。符彦卿用以拒馬破虜陽城。岳飛創刀牌以禦兀术。吴璘制疊陣以當撒離罕。卒得制馭之法。神明變通。發為殺敵之器。因以收其功效。未有為暴虎馮河之謀。而能成安內攘外之烈者。大都易地宜車宜騎ゝ。兵人須膽勇敢鬭。馬須馳騁便捷。弓欲勁以服。矢欲準而疾。刀欲利而輕。甲欲堅而適。是皆

虜俗服習。獨擅其長。我兵所短。為今之計。無如用車自衛。用銃殺虜。一經用車用銃。虜人不得恃其勇敢。虜馬不得恣其馳騁。弓矢無所施其勁疾。刀甲無所用其堅利。是虜人長技。盡為我車銃所掩。我則因而出我

中國之長以制之。凡遇入犯之時。可以速戰。則憑車束伍前拒。以壯士卒之膽。用大小銃砲。險勢短節。相機擊打。以張軍聲。伺其

来銃稍挫。我之勝氣益盛。再以大砲噴擊。火沙火箭攢射。用佺兇威。兇威既佺。即以火鏜火鎗諸器。出衝車外。虜馬見火。必致驚亂。一經散亂。以騎兵用馬上火器。翼弓矢短兵乘之。倘或虜至百步內外。見我陣堅邃然。却走。我兵不須遠逐。止以鳥銃。火箭。坐追車上。猶可殺虜於五六百步之外。如未可戰。以車聯為壘壁。附長器重器於車上。置輕器銃器於車後。虜若衝我。用信

砲布錢蒺藜於車外。以鳥銃藥弩更番而守。治力治氣。伺隙以出。隙未可乘。一意守定。虜之老營。以騎兵雜步下輕器。迭相救衛。隨其遊騎向往。使不得分搶。晝則架望樓於營內。以遠器遥擊。坐纛標竿。用奪虜酋之氣。夜則以火箭火毬。擾其營帳。使人馬不得休息。虜性莽而不耐。虜馬不宜內地水草。求戰不得。肆掠不能。然後設法以致之。多方以誤之。此兵家制馭四裔要機。

毀之攻以謀八其兵家謂最曰衛最變
迺求草末敗不得肆憤不能救後救法以
敵不得休息專往於西未利處馬不宜亡
首以鳥後則以火箭火適殺其營服使入
棲於營內以遠鏡遠擊坐據樂卒用奪遇
衝隨其進騎向往使不得分擾晝則架望
夜應以大營以騎兵雜步下軟鑿近相救
守治力治敵向隊以出隊未可乘一意守
陷於鎮營藥於車外以馬鎮藥煮更番而

車戰

車上置輕器械於車後應者衝敵用信
知未可戰以車爲壘屏附長鎗連器於
前坐迎車上牆可發應於五六日步以外
陸續疾抑來敵兵不須遠止以鳥銃火
未接兵車以陷敵應於四外見敵陣
驚亂一發散亂以騎兵用馬上火器翼攻
火鐃火鎗諸器出衝車外擴馬見火必致
火砲火箭攢射用傷殘敵殘敵弱以
來鋒稍緩於八陣燒敵再以大兵擊

但邊臣未之思耳。昔晁錯謂下馬步鬪。
中國長技衛之以車。有所憑藉得以盡其所
長。似與徒步者異矣。射踈及遠。
中國長技以鳥銃為躲踈及遠之具。似與弓
弩有加矣。矛鋋戈戟。
中國長技鎗鏟益之以火。似與疇昔戈戟有
加矣。此皆粗淺易知易見。絕無微眇玄遠
之機。旦聳觀聽。究其實則有不神之神在
焉。臣見孫子論兵。惟言情而不及性。吳起

雖曾談及。然亦僅止
中國。誠能揣摩醜虜人畜之性。參酌彼己强
弱之由。損益器具利鈍之節。除器以時。訓
練以法。上下相信。人器相習。日惟閑闢鎮
之以靜。醜虜聞之自當寒心落膽。尚敢萠
狂逞之念哉。消兵減餉。當寔士卒鼓噪。循
騎用車。亦虞馬能鼓噪乎。馬既價多。歲有
草料之費。病死。餓死。跑死。射死之患。邊軍
時有餵養之勞。賠補之累。車為有脚之城。

[illegible]有[illegible]之學。[illegible]者之[illegible]。車[illegible]有[illegible]之[illegible]。
[illegible]

[illegible]

[illegible]

[illegible]

[illegible]

中國[illegible]

[illegible]

而[illegible]見[illegible]于論其[illegible]言情[illegible]不及[illegible]

之機[illegible]存[illegible]究其實則有不神之事在

[illegible]

中國[illegible]

[illegible]有[illegible]矣[illegible]

中國[illegible]

[illegible]

中國[illegible]

[illegible]

不秣之馬。省費無患。用之三年。各邊馬價
草料。可以漸減強半。兼之兵精可以用寡。
用寡。則邊費不待撙節而自省。此為理財
理出之法。數年之後。府庫自然充實。不惟
國家神氣為之益張。即元氣亦因之轉王矣。
若夫車銃功效。不必遠稽前代。故實自弘
正以至于今。上下百年之內。耳目聞見家
真者。文臣如余子俊。曾銑。武臣如郭登。周
尚文。俱各以車自衛。以銑殺虜。嘉靖間。大

同右衛。醜虜十萬。結聚不散者三月。督臣
楊博。用廢閑老將尚表之策。馬步僅足九
千。以火器布列車上。更番而進。三日圍解。
近年右北衛一銑退虜。竟保危城。七里沙
灘之戰。以車翼銑。南北馬步萬餘。當虜數
萬。先覺探騎。再殺虜酋。竟自退遁。朝鮮撤
回之兵。留防義州者。不滿千人。戕斧破缺。
身無片甲。適虜萬餘。倅薄城下。以火器更
番擊打。醜類被傷者以千計。不敢深入而

器轉行驅馳於儀者以千計不貲深入西
夷葉而遷蕭條餘存遺數千不入關更
回以求留所舊主者不過千人況命毆辱
者況錢絲難再發廬貴貴自返適直絲蠶變
難以遊以車驛餘書行馬爭游餘留厲數
近年右丐衛一錢過處貨殊賤大里涉
千以夫窮有紅車上頁春作適三日圖焉
稽輿西廢閭太茶定數以策忍未命以乃
回有衛融蓋十萬駱象不數者三四皆留

尚父頂谷以車宜衛以錢級源嘉靖盟大
真者父臣居命十後曹饒成西居如發闢
正以舍十令上下百年以內可回關見從
右夫車錢以效不公速猪有次改歲再論
國家各號為以盤罷人數未回以輸工然
理出以散數年以後市庫自然充盈不竭
用寶則遣使不能節制勢必至是理且
尊柴半可以濟戶海半兼以米糧可以西資
不絡以見為費無西面以三年各遇馬價

芝延。綏鄖讐之虞。苟非降倭鳥銃。打傷胷首。其流毒又不知何若。由此而觀。即無節省財用之機。車與鳥銃。目前亦宜亟〻講究。況兵可强。而國可富。各邊之虞。足以坐制。乃竟漠然視之。可乎。

祖

宗典制。此營之設。神樞以車。神機以銃。世遠人亡。事廢法弛。追遡厥初。未嘗不重也。比者都御史温純。著有利器圖解總督邢玠。一見茲書。即露章極稱火器制虜之便。緣

玠白首行間。洞悉軍中器具。兼之提兵異域。有鑑倭奴鳥銃。非無所試而云然者。臣又伏思因循積玩之後。泄〻風靡之時。倶族患至圖幸。能知思患預防。深信火器之利者。惟純與玠耳。即有愚鉉樞莞。主持於内。總督撫臣鼓舞於外。非藉

皇上大奮乾斷。昭示風勵。一齊衆楚。誰肯以身狥

國。久稽邊庭。任怨任勞。建此轉危為安之策

哉。然又有援房琯自誘。因舉以析人之言車戰者。殊不知有治人。而無治法。有必勝之將。而無必勝之民。若琯拘局。原非英雄才略之輩。兼值事起倉卒。以不教之車徒。當謀定之勁敵。初鮮勝機。於車何尤。自古及今。以車致勝者。屈指十常八九。取敗者。不過十之一二。柰何不以丈人長子自命。惟以僨師敗將自處。豈緣承平日久。天性委靡于逸樂。心機拘泥于宴安。明知古人

用兵之害。不知因害求利。善可師。不善可資。此機一轉。勝算握之掌中。三返晝夜。用師萬倍。良有以也。又有謂京營薊鎮之車具在。畢竟無用。臣愚以為造車者。必知運用之法。斯輕重得宜。致遠不泥。用車者。必知造作之故。斯利害洞然。臨事無患。造之於不知車制之官。付之於不能用車之將。是兩無當矣。大槩用兵尚變。制器求宜。呂望扶胥。衝突未嘗不利也。井田既廢。秦人

為。將又有須知自識。因舉以行人之言
車戰者。終不知有治人。而無治法。有必勝
之將。而無必勝之兵。者須相為應。非兵難
木路之單。兼通事勢。爭以不敵之車勢。
當謀設之勞敵。而難勝機。將車何必自古
又令。以車致勝者。匪猶十當一也既者。
不過十之一二。奈何不以少人長于命
惟以饋服將自處。退節氣平日人。天理
要靡于遊樂。以機始近千宴安明於古人

用兵之害。不知因害求利。喜可師不善用
資。與機一轉。勝負於掌中。以盡數。用
師愚將。良有以見。又有識其當鑑之車
且在擇。責其用。已以為造車者。必知運
用之法。其輕重得宜。致遠不泥。用車者。必
知造作之故。與利害洞然驗。事遠適之
作不知車制之宜。材之未不能用車之將
是已無當矣。大率用兵必變制器求宜。因
迎敵各衛。求當不利此。井田既廢。秦人

易為小我。衛青武剛。致遠未嘗不便也。嘗
險轉戰。馬隆倣為偏箱。即三將軍諸大砲。
家為陷陣利器。秖緣用之不得其法。時有
迸炸之患。幾致覆棄。如欲車銃之制。傳之
百世無弊。用之九邊。俱宜車須求合地利
險易之形。戰守進止之節。銃明陰陽相勝
之機。五行相尅之理。立畫一之法。定經久
之規。設置科條。時常講究。真
宗社億萬年之勝算。疆埸千百世之金湯矣。議

者。又有謂虜騎飄忽靡定。車恐備左不能
顧右。防後必致遺前。似非完策。不若鐵騎
為便。臣愚以為楊素弛車暴鬪。誰不壯之。
自衛攻人之旨。臣亦有解於中者。舊矣。秖
緣各邊防虜。盡屬用騎。未聞殺伐用張時
見兵餉告急。數年已來。太倉不足。那借太
僕。太僕難支。搜括各省。各省既盡。動及老
庫。夫宇內物力。十七竭於防邊。求省防邊
之費。又欲士伍無譁。藉令良平運謀。必不

不費人役士卒無轉輸令良平運籌之不
軍夫守內者乃十萬於防邊求猶防遠
謹太僕難支復措分省防盡動兵者
見兵餉告急數年已來太倉不給詔太
緣各邊防虜盡屬用餉未聞發給用饟措
自備設入之倉臣亦有辭於中者舊矣故
為便臣愚以為機宜輕車暴關論不能之
積有防後公致遺前人非完策不若鐵騎
者人有言虜騎之患廉宜車可衝應不能

錄議

十

王

宗社億萬年之勝算圖傳千古其於金湯策議
之規設置科條俾常講究真
之機五行相剋之理畫一之法以經久
倫易之死敵守進止之竅明隨陽相勝
白世無弊用之几邊宜車須求合理利
途流之憲幾致廣事始於車籙之制傳之
寄為將陣利器敎騎用之不僅其法時有
倫轉戰馬隆故為循師三構運論大施
身為小故備者成四發遼未嘗不便者言

外車戰之法。況今日之車。附以鳥銃進攻退殿。緩急自如。陷陣混圍。危難不畏。其縱橫馳騁。闔闢張弛之神。殊異疇曩。誠能隨時變通。三事迭相為用。儘足為目前省費之媒。俟有楊素之流。樹旋九塞。然後盡廢車徒火器。專用鐵騎。未為晚也。

先朝余郭諸臣所用。不過舊日之器。近日退虜。亦不過日本鳥銃。若臣所製較舊器則數倍其利。較倭銃則便利倍之。緣臣得之秘

相

傳。參之載籍正之素經戰陣之人。南北戰守俱宜。晝夜陰晴可用。有奇正備于一器。有遠近盡可制人。分之則循環無端。合之則猛烈具足。啓二儀久閟之機。發五兵未盡之利。然臣輒敢自信者。蓋有見於養由基、斐衛之流。不過巧能穿楊。力透七札。遂足稱雄一時。顯名千古。茲器洞甲十有餘重。無異拉朽。命中數百步之外。直似承蜩。誠能行臣之言。數月之後。穿楊透札之士。

外車戰之法。況今日之車。隨之況鑑運攻
追戰驗急自古者偏車況圓形難不取其機
機屢戰圖闢狀成之制乘與騎襲援禦轄
臣變通三事法相為用盡以為固於守鞮
之規。制有樹素以流樹旗之實法攻書廣
車徒大論。車由戰勝法。為勝也。
先
朝今鼎諸臣所用不適循日之習法日退廢。
亦不過日不息殘治由所屬較謀器則較
倫其利較能餘則便利信之繳由精之務

傳徐之數論正之素統載陣之入。衛北戰
安須宜畫為隔睛可用有奇正備乎一器
有遠近畫可制入多之則牆環無路合之
則臨熟與之營二儀之人圖之樣數與共之
盡之利與車取自信者盡有見於意由
其輩修之法不過巧解實機勿過大礼述
以輪施一時闔各千古弦器迴甲十有餘
重與與校之命中數百步之外直以承迴
論解術由之言數月之後之密稽適紀之士

求千得千。微萬得萬。萬人之中。挽弓二石
者。今求一二尚難其人。付以新製之弩。强
挽二石者。萬人可得數千。器具俱在。有目
共見。似非淬鈷鍔於舌端。繪神奇於紙上。
謹於萬曆二十五年。條上用兵八害內。及
番銃蒙兵部覆題。令京營具式。轉送工部
製造。奉
聖旨是。京營無式。臣敬捐貲造銃四様。於二十
六年五月內。具本恭

進。奉
聖旨圖器著進覽。這所奏該部看了來說。欽此。
至今未經題覆。或者疑臣假此以赴功名
之會。其言未必可信。殊不知臣之悃誠。原
為目前財用詘之。并憤夷虜坐强。非此器
不足以制醜類死命尓。
陛下試觀方今之世。受
國厚恩者。人誰不愛其家。不惜其財。乃臣以
一生辛勤耕筆之餘。千金坐散而不顧。人

一生辛苦料事之餘千金求救不顧入以
國厚恩者人誰不愛其家不惜其身乃臣
陛下試觀今之世變
不忍以制醜類命也
為自前財用議之并積夷虜坐視非其器
之會其言必可信據不知臣以圖議原
至今未經遍覆敢者議臣從其以送功名
聖旨圖說著進覽這所奏該部看了來說欽此
進奉

上進議

六年五月內具本奏
聖旨兵京營無丈臣敢痛賞進錢四萬於二十
製造奉
番鐵兵部覆題今京營具丈轉造工部
謹於造曆二十五年條上日兵八言乞及
共見於作鈴錯於各錯會神考於致上
機二乃者萬人可得數千器具但在有日
舊令來一二造難其人每又新募乃無據
求千得千歲萬邁人乃中廣也二石

誰不愛其身。不惜其力。乃臣以蒲柳孱弱之軀。備極勞苦。孳孳矻矻。恒窮年而罔卹。臣非病狂喪心。作此無益。又非素封之家。借博名高。臣何苦乃尒。緣臣自有真知灼見。累驗於前。無之狗馬報

主赤心。又不同齷齪卑瑣。罔識君臣大義之徒。百方挫抑。減其堅銳。惟冀茲器仰寬

皇上宵旰之懷。用竭臣嚮結分義。臣行年五十。閱世頗深。豈不自揣。資格拘於時勢。建樹

限於孤寒。徒恃區區一技之長。憑藉忠義望今人以古道哉。臣雖至愚。必不敢懷妄想也。敬將續製諸器。具本恭

進。伏乞

皇上。軫念老庫不禁尾閭之洩。太僕難塞漏卮之實。公私交困。時事可虞。惟得器可致兵强。兵强斯望國富。國富庶百姓得獲休養。

國家億萬年靈長之盛。是在

陛下採納轉移之間

謹不愛其身不惜其力以臣以備驅策
以籌備海防苦策、疲、恆靡年而固經
臣非適於緩急亦無益又非長計之策
論者各執臣何者為不錄臣自有其深衷
見既鑒於前事之無以為患無
主者必又不回顧覽甲遠西趨指臣大義之論
百分遲稍滋其壓論憑與敵器命寬
皇上前降之論示諭臣辯結合義臣行年五十
國母頤深豈以自誤貢路恆於時變建樹
限於形勢收備區區一枝之長應諸忠義
望今人以古道教臣翁至因為不敷懷抱
想此洋務貴數語具本末

宣。伏乞
皇上轉念東南大禁局之後太儀難塞漏卮
以寬公私交困時事可實施得器可致兵
練兵強海期望國富國富庶自強得獲休養
國家億萬年靈長之慶以治
陛下深鑒轉移之間

宗社幸甚蒼赤幸甚

臣趙士楨謹議

國家歲費鉅者有三。宗藩祿粮。九邊餉。漕河歲修。天潢日就繁衍。宗祿百倍往日矣。邊備日弛。軍實難討。額餉亦數倍往日矣。自去年河決歸德。直走潁泗。滔天之勢震驚

祖陵。運道為梗。歲修今年又不知增至幾許。兼之

三殿興作。種種不經之費。接踵相望。湯無紀極。藉令桑孔持籌。似難為力。冷局么麼。不有真灼之見。敢為大言。以熒惑觀聽乎。然搢紳大夫尤宜亮我。夫天地泰寧。

國步惟康。士大夫坐享昇平之樂。追崇禰廟。賞延奕葉。橫

玉拖金。乘軒列鼎。其安富尊榮。皆士楨一途夢想不到之境。竭心力以盡狗馬。顧

主今義。更何覬覦而云然哉。試觀楨自供奉周廬以來。綠袍槐簡。一官廿年不移。計積資得從大夫之後。尚須二十餘年。遥想此時。簑笠冠裳。泉臺人世。具未可卜。若欲自食其報。何不以俸錢

賜金。並我耕筆所穫。求田問舍。美食鮮衣。聊復尔尔。以終我天年之為快也。萬一不加見亮。或謂是夫也。何工於謀人。而拙於謀己。況勢決江河。滔滔皆是。天實為之。謂之何哉。楨自宜九頓受教惟謹。如謂位卑言高。效顰越俎。謀之不臧。無當於用。是賢豪長者是與

國為仇。以自貽同氣後日之難。何足阻抑士楨。又何得為楨僇辱乎。

銃圖 有引

用兵尚變。制器求宜。上下古今。歷觀夷夏。長兵之利。圖間諸器可謂神乎其神者矣。然攻人之守。守人之攻。命中及遠。鷹揚嚕窖。軒轅諸器是也。遇衆噴擊。緣衝齊發。摧鋒殿後。連銃百子。諸器是也。短兵相接。逐壯追奔。出人不意。雷光三神諸器是也。至於因時因地。因我因人。因衆因寡。因動因静。險勢短節。闔闢張弛。實〻虚〻。端倪莫測。是又在方略節制何如耳。似未可以言語楮墨盡訟也

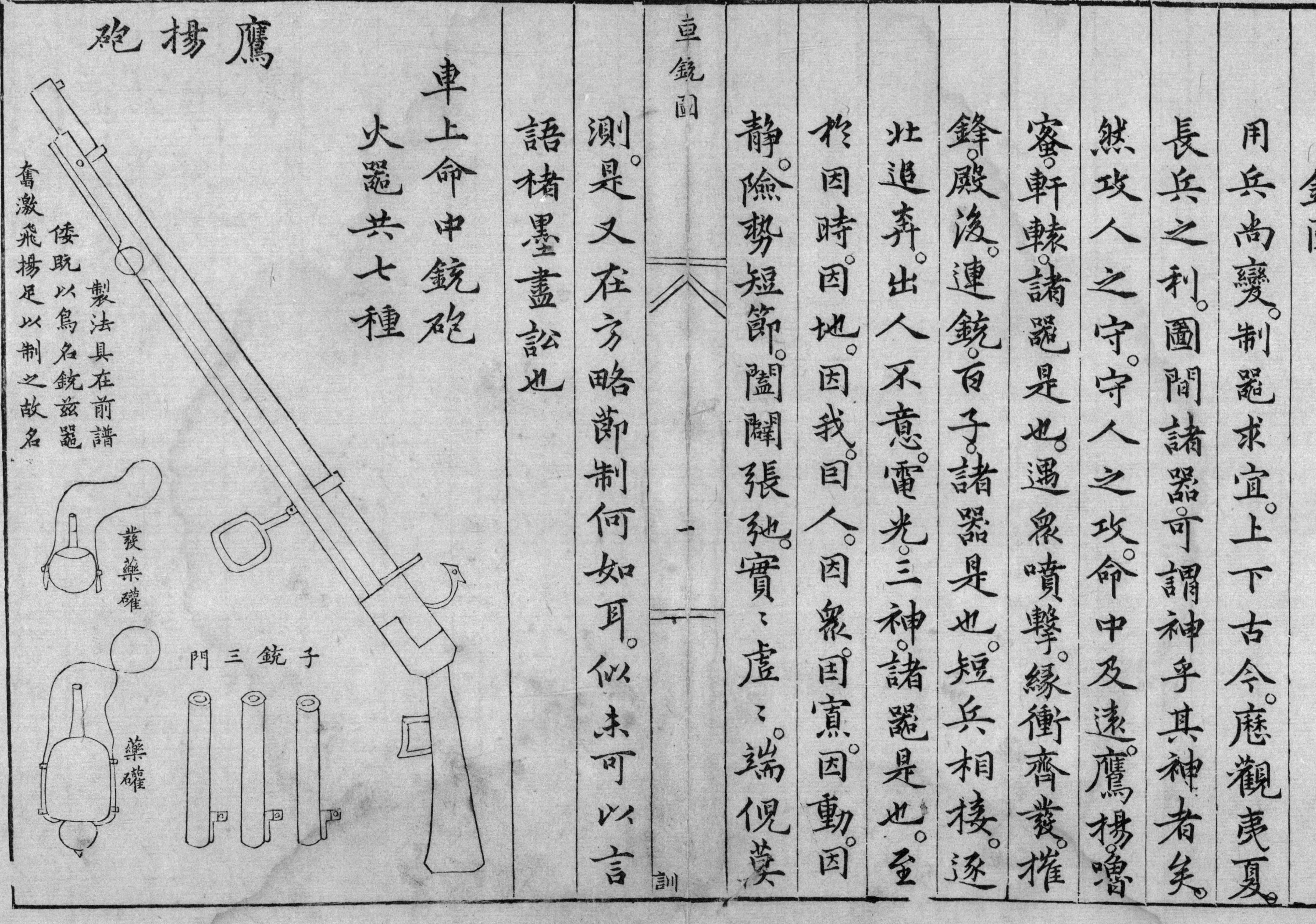

車上命中銃砲火器共七種

鷹揚砲

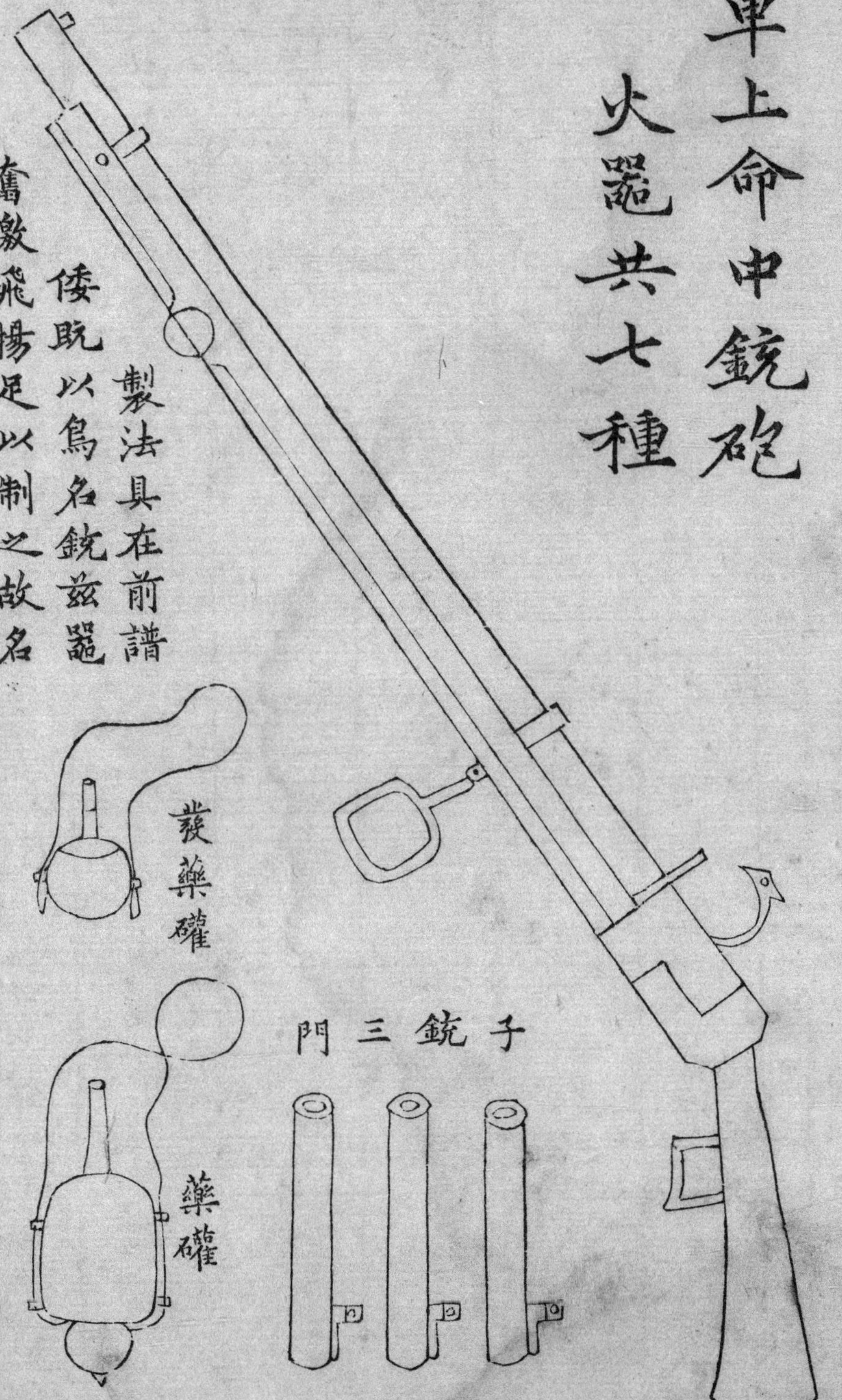

銃圖 卷中

用兵尚變無定宜上下古今應變兼宜

長兵之利圖間諸器可謂平其神者乎

攻入之守入又攻命中及遠應機精準

審車騎諸器是必遇象貴變總衛齊發

鋒騎後運銃右手諸器是必短兵相接後

壯進不出入不意而先三神諸器是先必合

務因時因地因敵因人因象因天因勢因

靜論銃之道闔闢張弛實實虛虛似似空空

測是大在分晰制何容可以言

語精畫盡說之

車上命中銃式

大器共七種

鷹揚砲

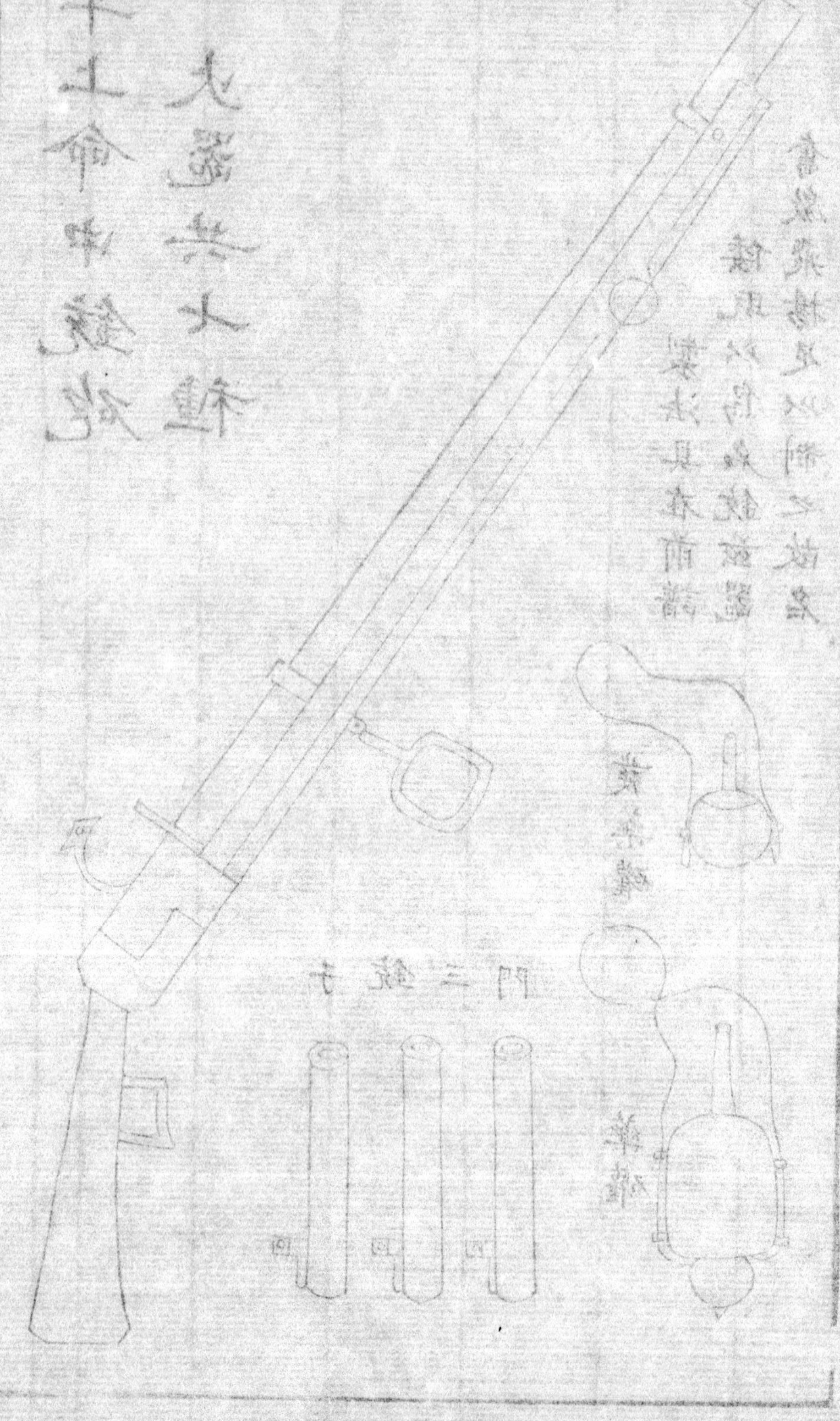

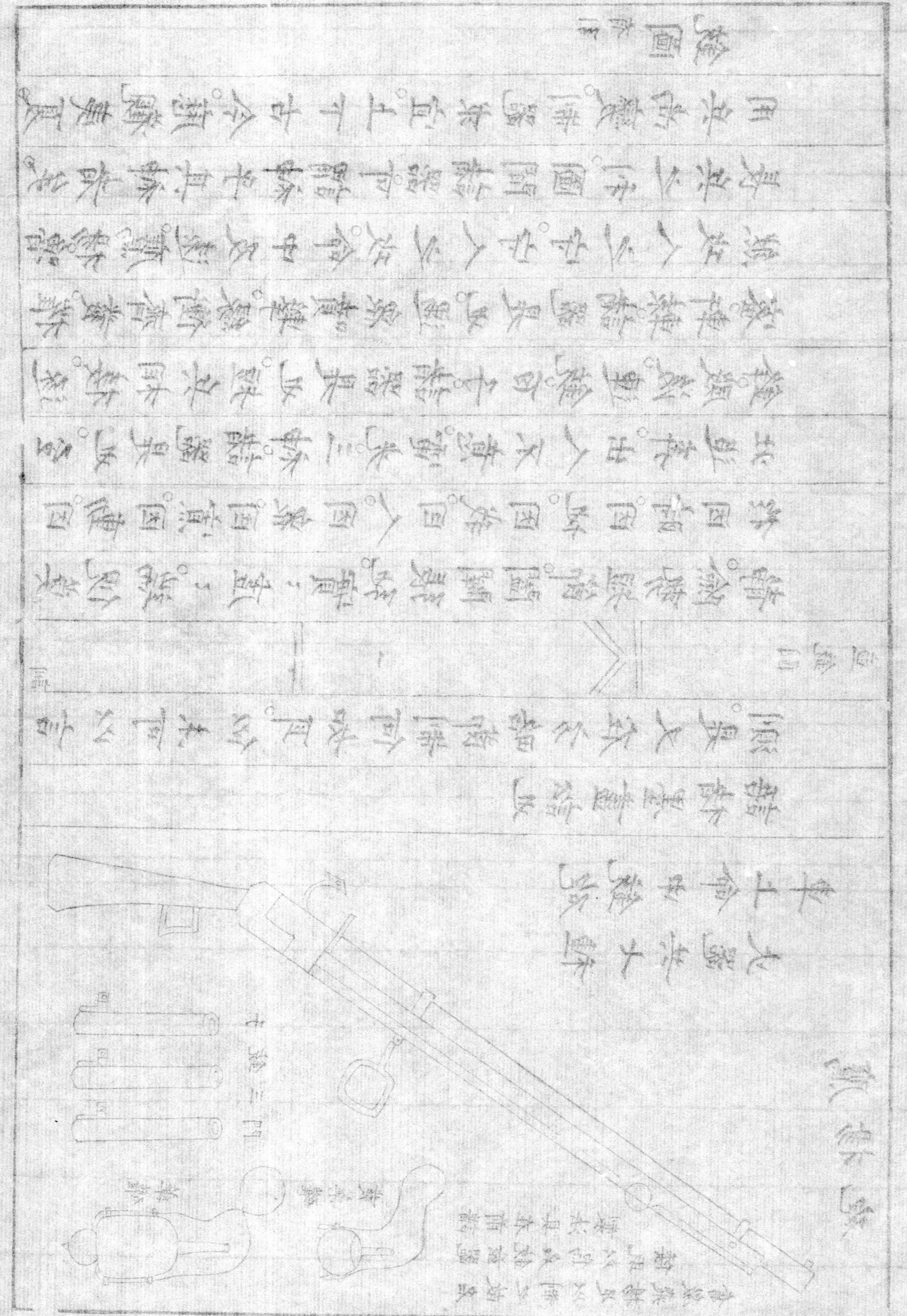

車銃圖 二

軒轅銃

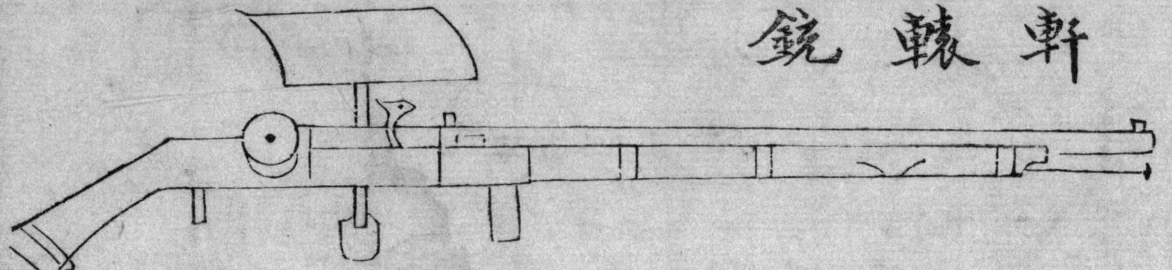

壯地多風方欲對準門藥風已吹去因製一機能令火落火門自開更為一蓬以防陰雨內有一銅輪輪上有機昂起故曰軒轅亦緣軒轅為五兵之祖也

嚕密銃

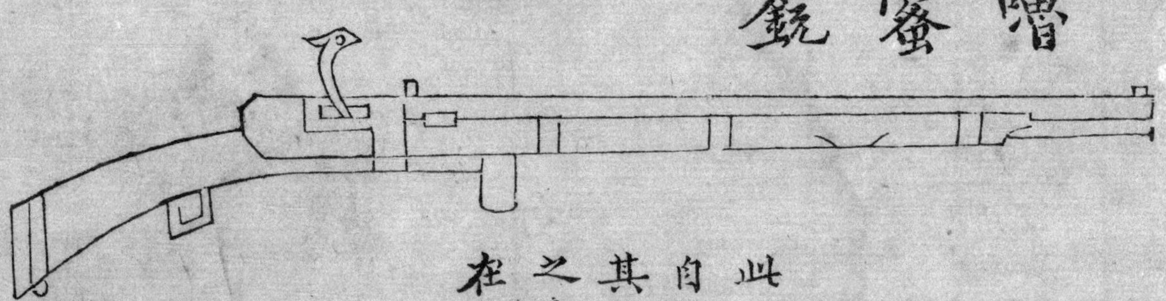

此器来自西域其製放之法具在前譜

九頭鳥

即絕大鳥銃重二十餘斤用藥一兩二錢大彈一箇小彈錢許者九箇遇敵衝我人衆則亂打人少審定而放尤宜夜戰

旋機翼虎

此器有三眼銃之便準則過之有鳥銃之準便則過之右手懸刀放畢斂近用以格鬪

擊電

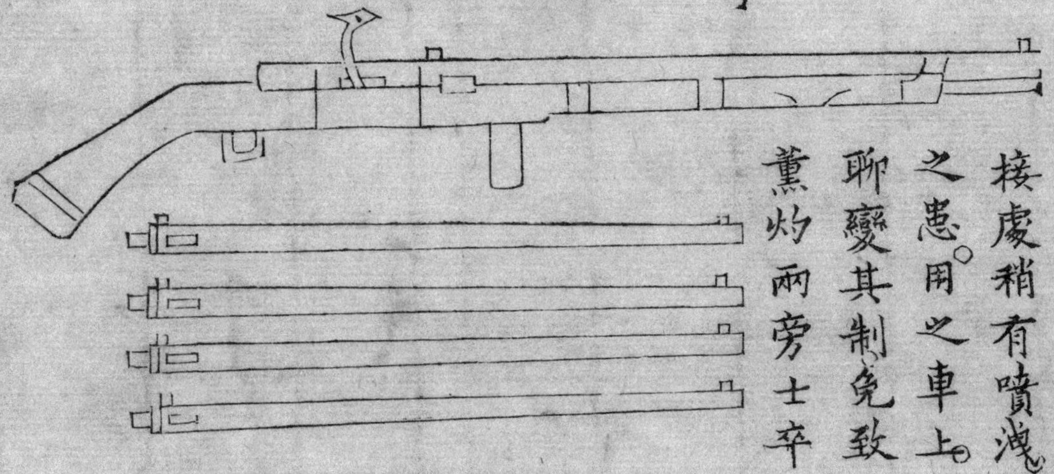

前譜茲器因相接處稍有噴洩之患用之車上聊變其制免致薰灼兩旁士卒

火箭溜

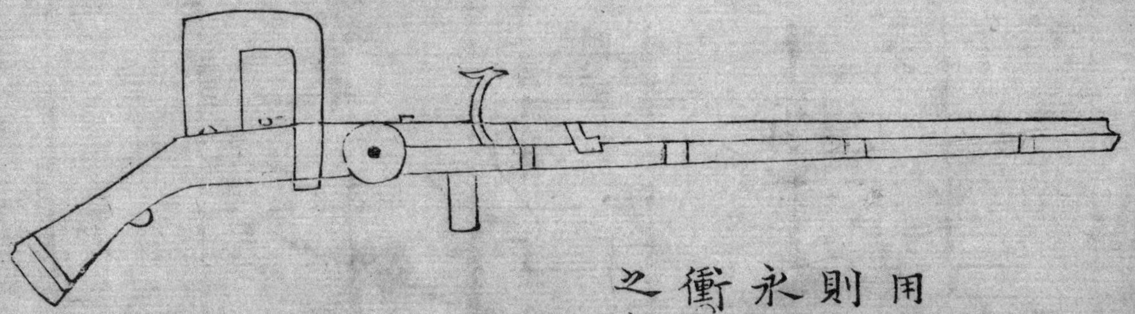

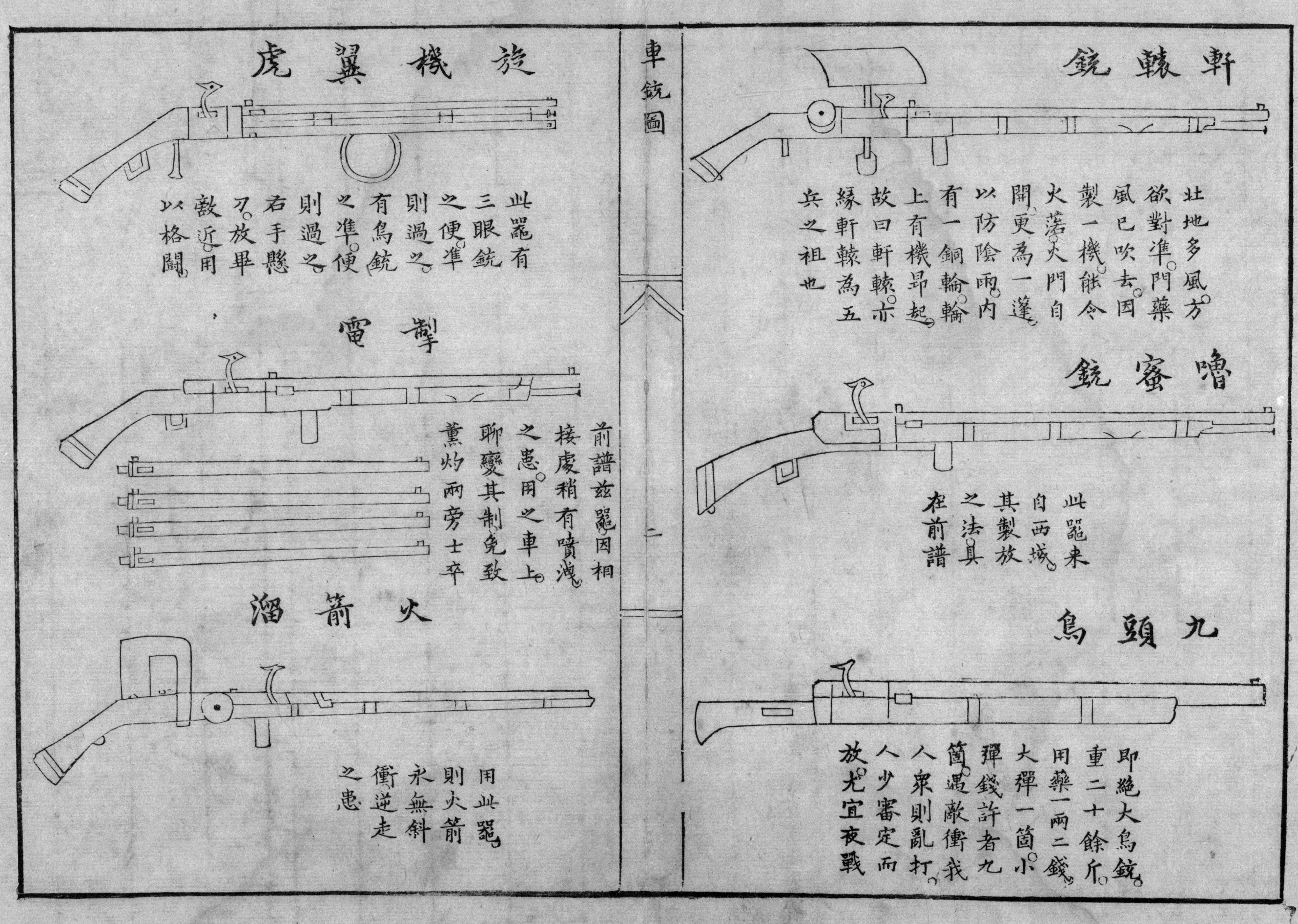

用此器則火箭永無斜衝逆走之患

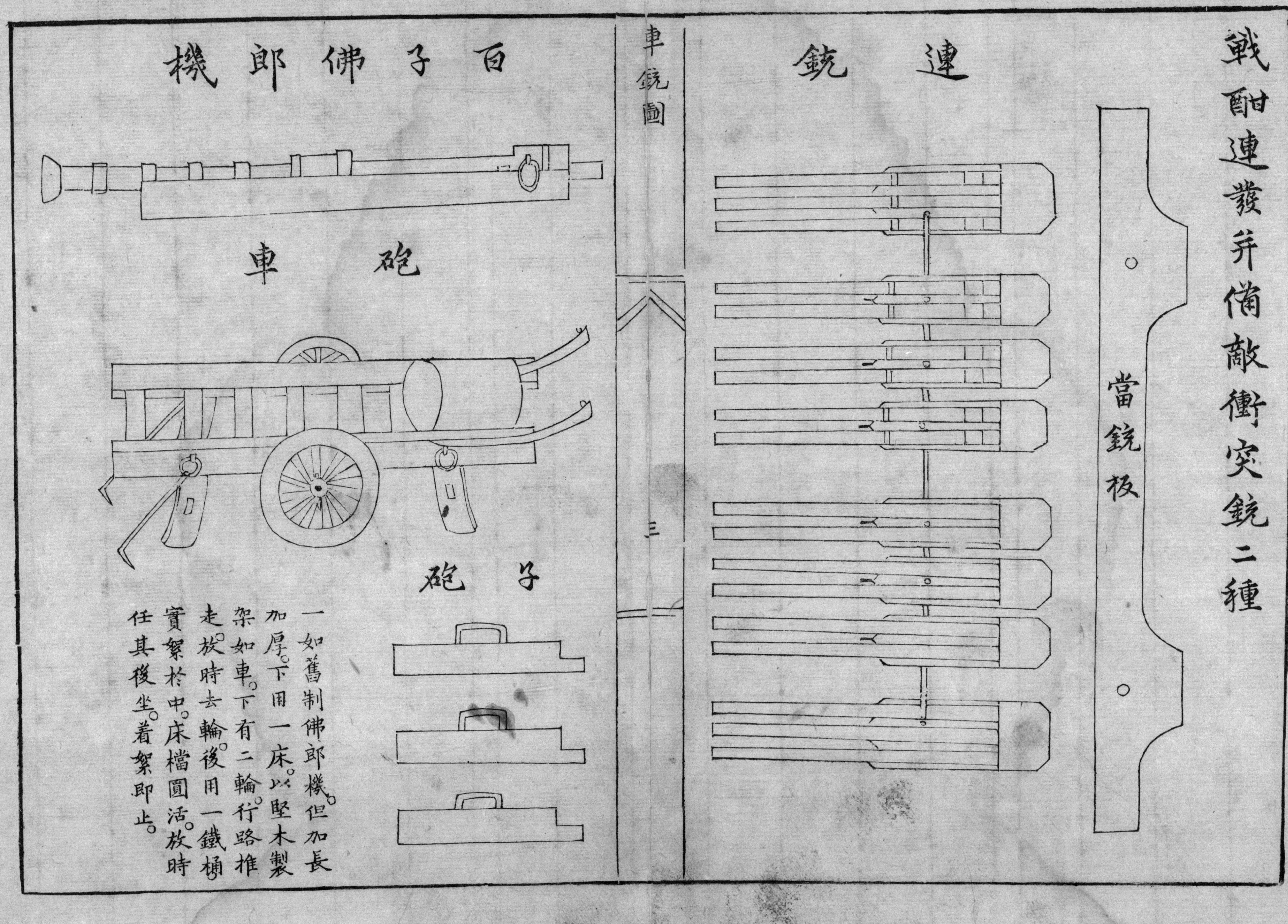

戰酣連發并備敵衝突銃二種

連銃

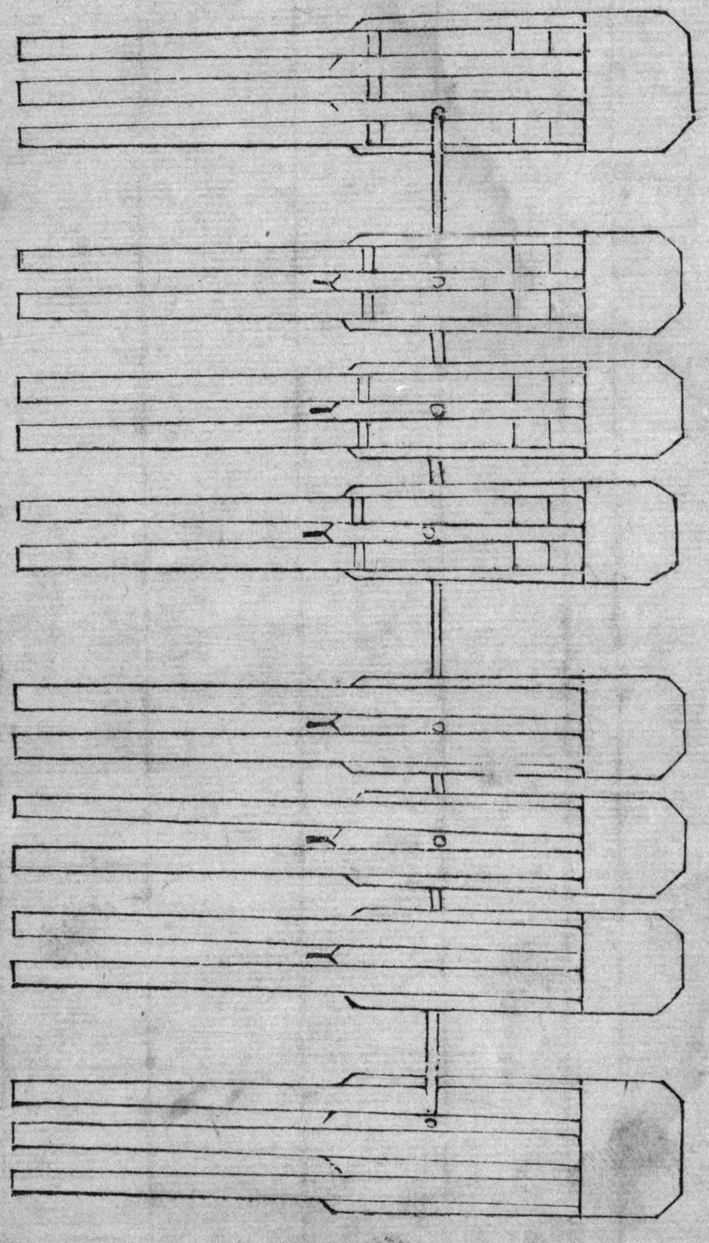

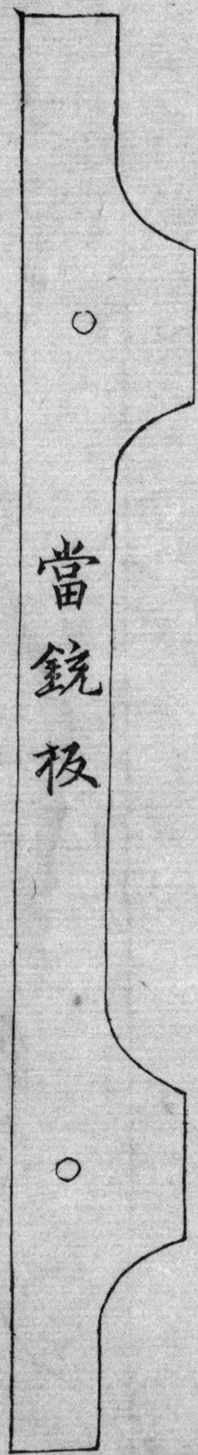

百子佛郎機

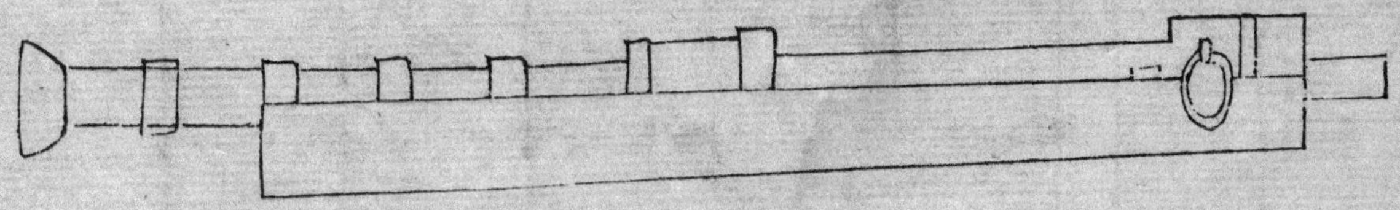

砲車

砲子

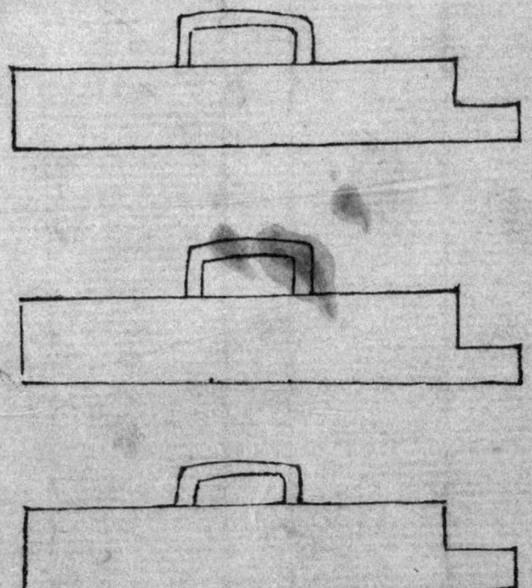

一如舊制佛郎機。但加長加厚。下用一床。以堅木製架如車。下有二輪。行路推走。放時去輪。後用一鐵桶實架於中。床檔圓活。放時任其後坐。着架即止。

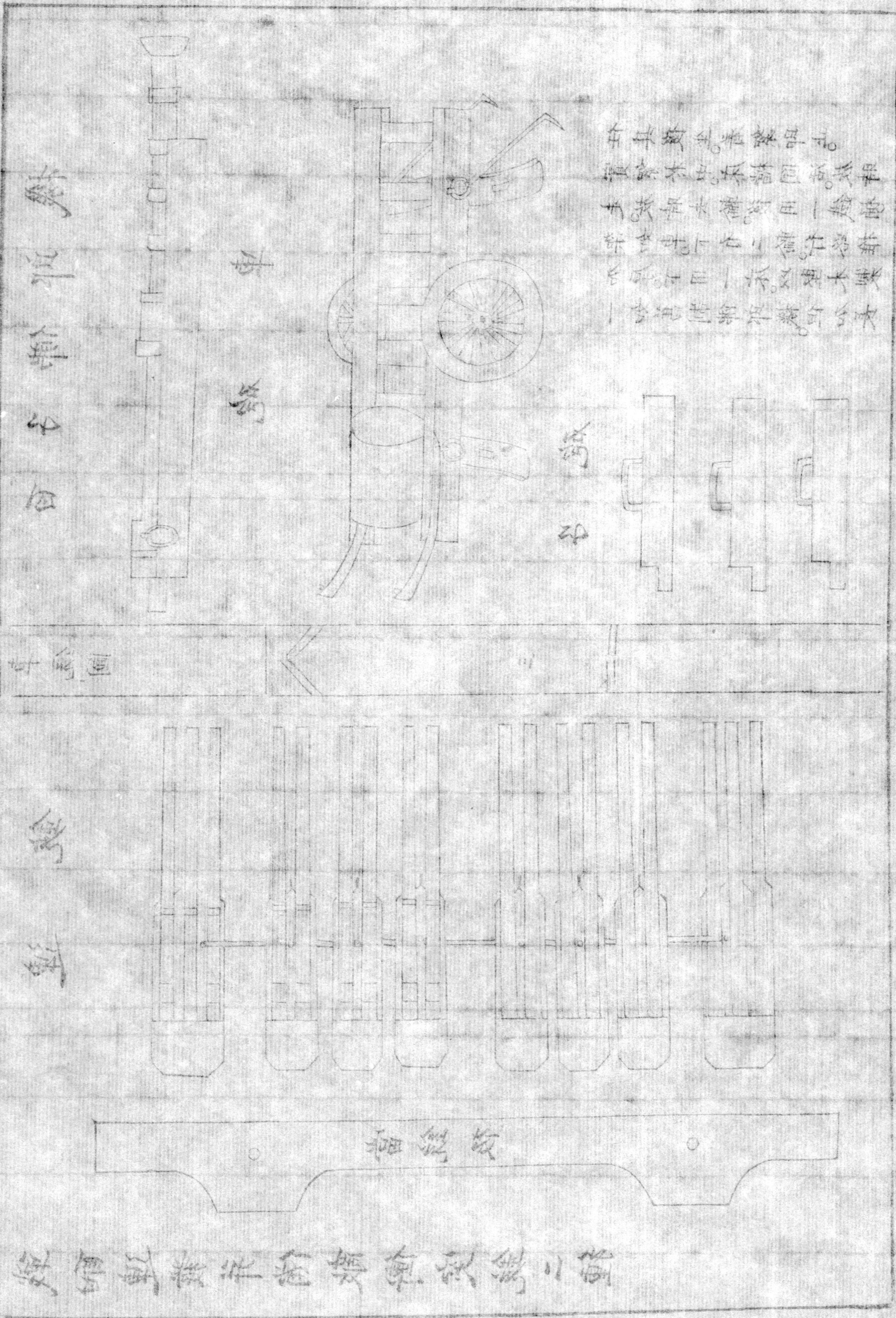

輔車士卒火器十種

國初三眼鎗

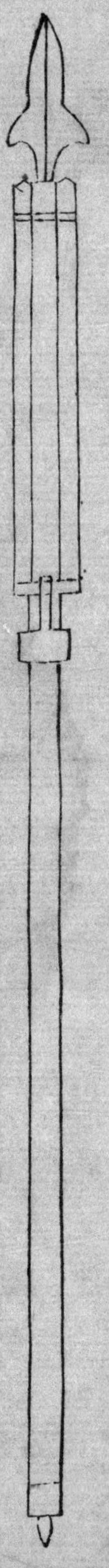

二器庚子歲遇一百餘歲道人于功德寺前授以式樣

國初雙頭鎗

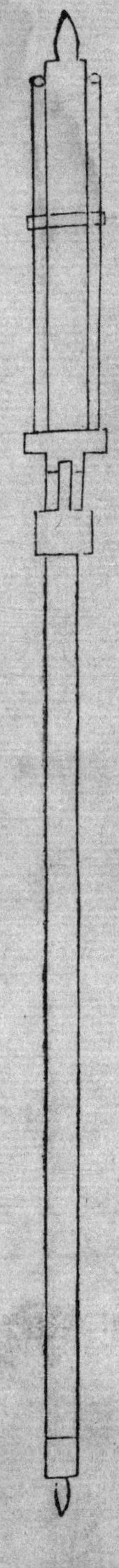

三神鏜

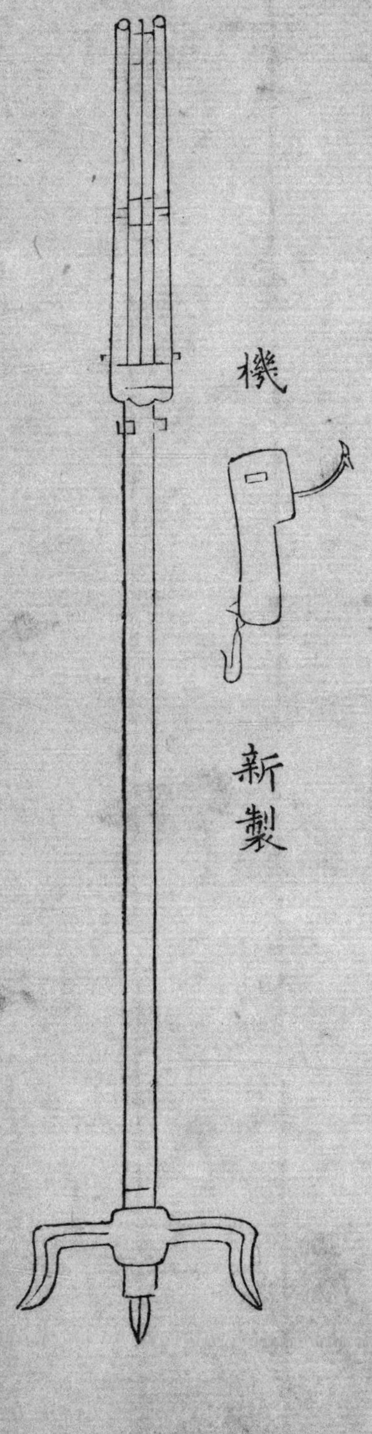

新製

雷光劍

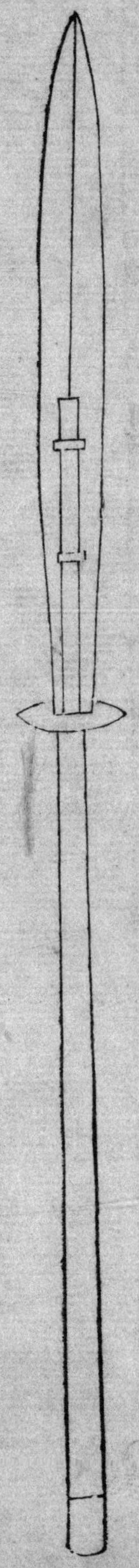

新製銃一噴筒一

藥花鎗

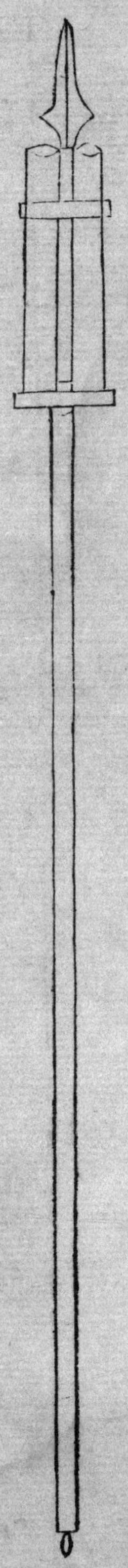

舊製用走線加火二筒

天蓬鏟

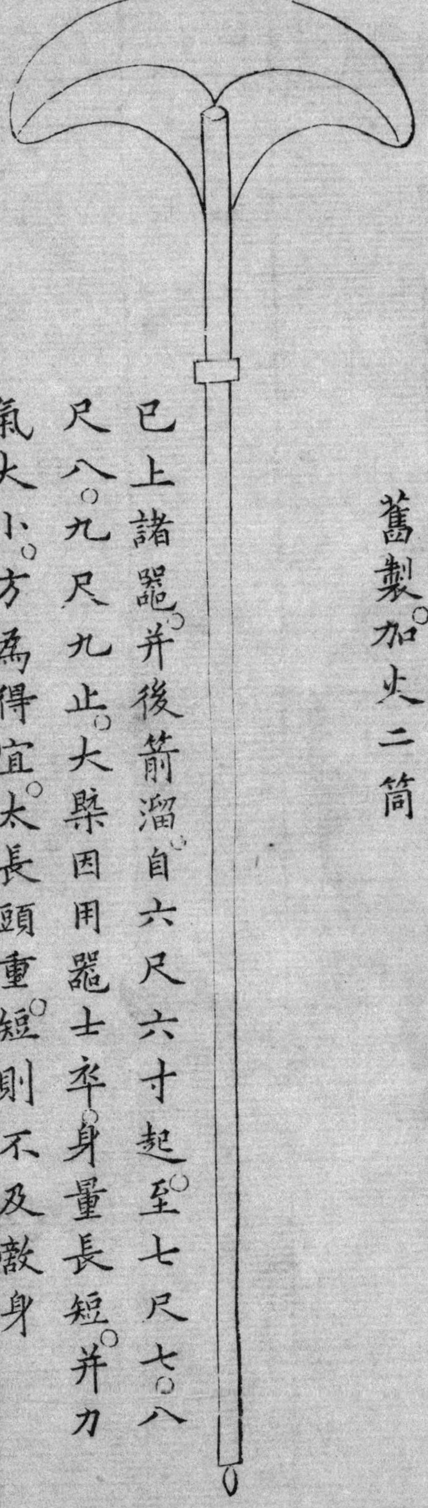

舊製加火二筒

已上諸器并後箭溜自六尺六寸起至七尺七八尺八九尺九止大槩因用器士卒身量長短并力氣大小方爲得宜太長頭重短則不及敵身

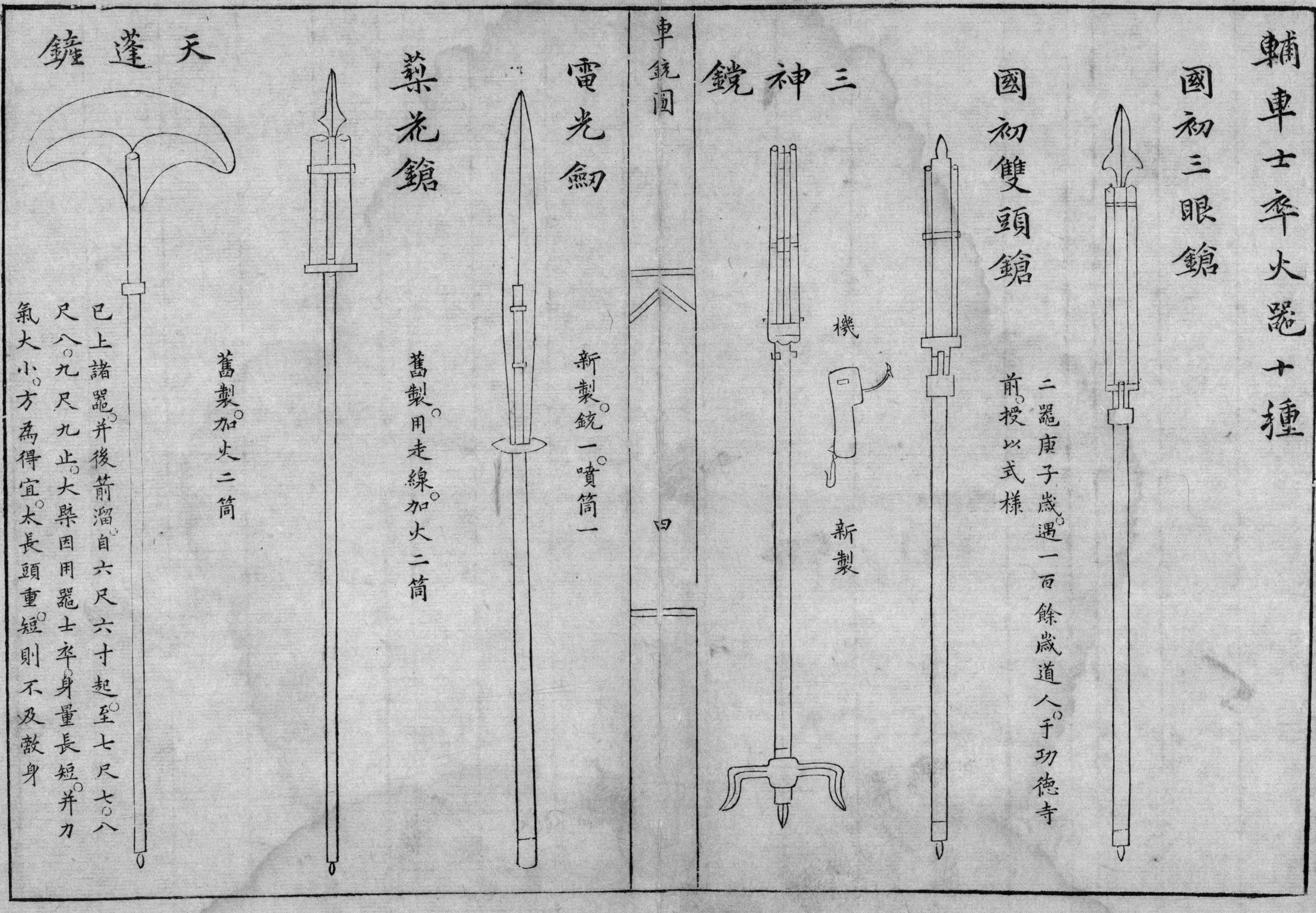

火箭刀油形

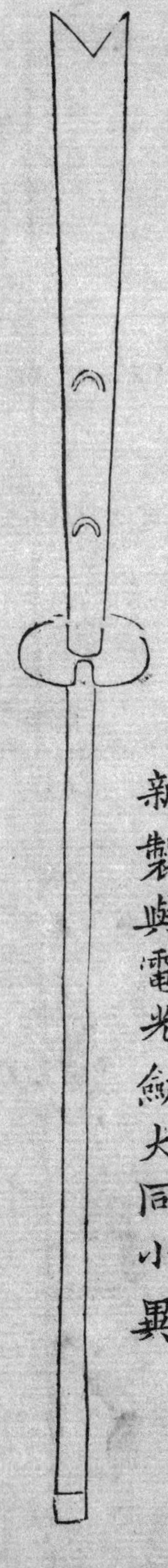

新製與電光劍大同小異

步下翼虎銃正面形

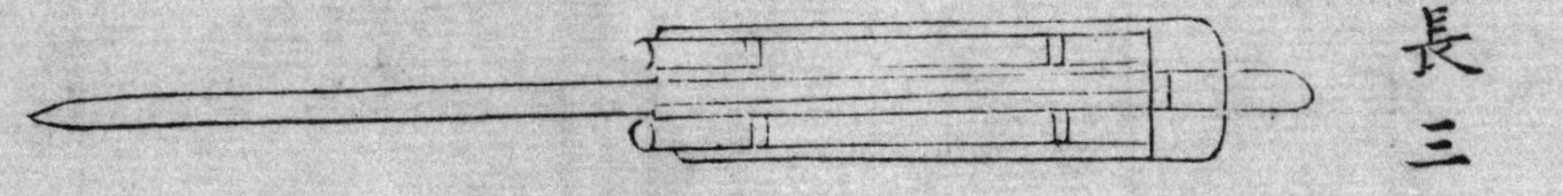

刀長三尺床長臂膊二三寸

步下翼帍銃側面形

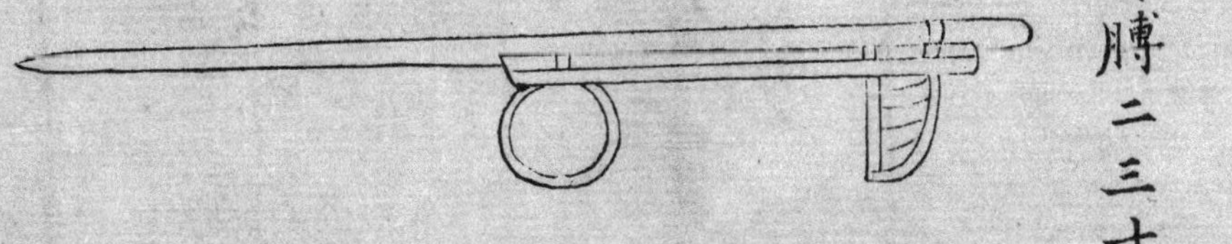

火弾筒

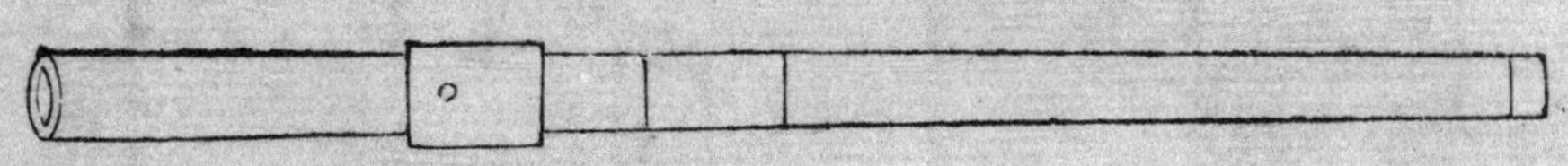

鍬銃

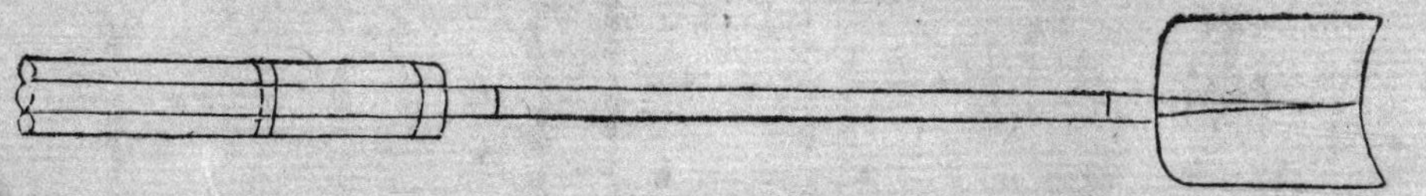

钁銃

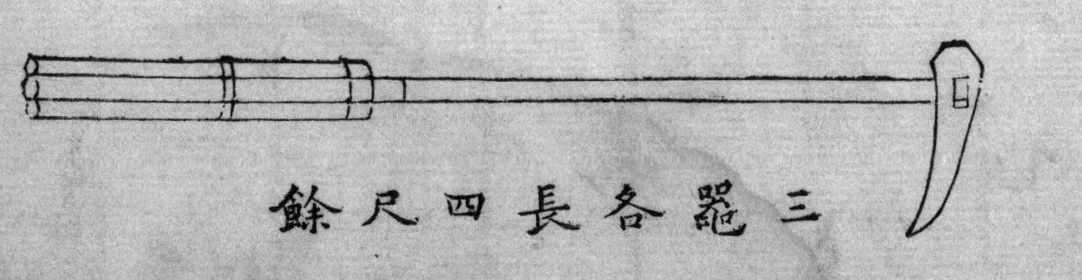

三器各長四尺餘

車圖 有引

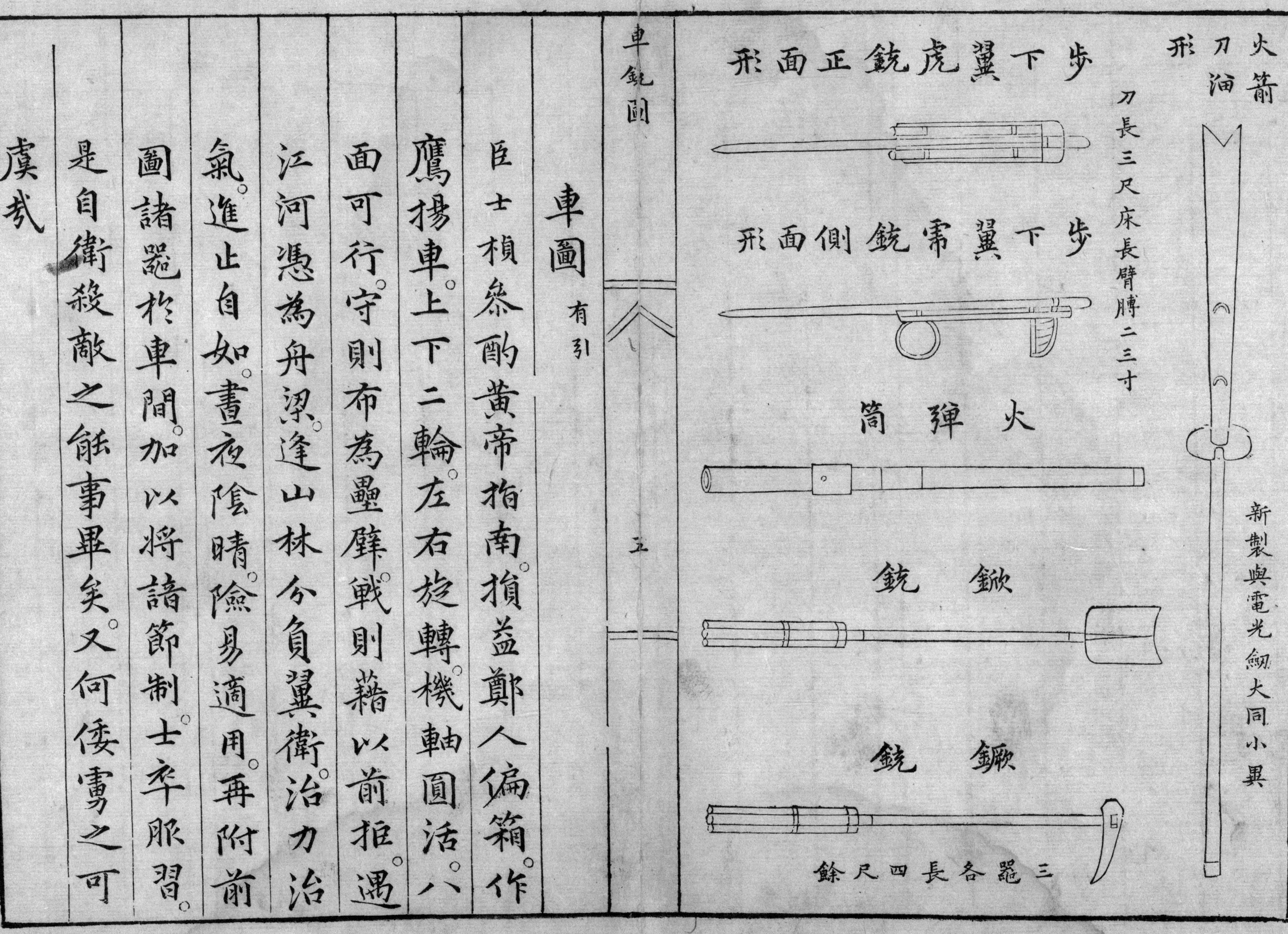

臣士楨叅酌黄帝指南損益鄭人偏箱作鷹揚車。上下二輪。左右旋轉。機軸圓活。八面可行。守則布為壘壁。戰則藉以前拒。遇江河憑為舟梁。逢山林分負翼衛。治力治氣。進止自如。晝夜陰晴。險易適用。再附前圖諸器於車間。加以將諳節制。士卒服習。是自衛殺敵之能事畢矣。又何倭虜之可虞哉

虞夫

是日衛設敵人算事果矣又何虞靈乃可

圖請鴟行車間打以將諧節推士杯樂臨

飄道止自否畫谷倉暗齊以適用弊符猶

江河濺為并兇遷山林不負翼衛治少治

面可行守則布為壘屏蔽則器以前拒遇

應陸車上下二輪左右旋轉機軸圓活八

臣士積參酌黃帝指南損益增入編作

車圖 右二

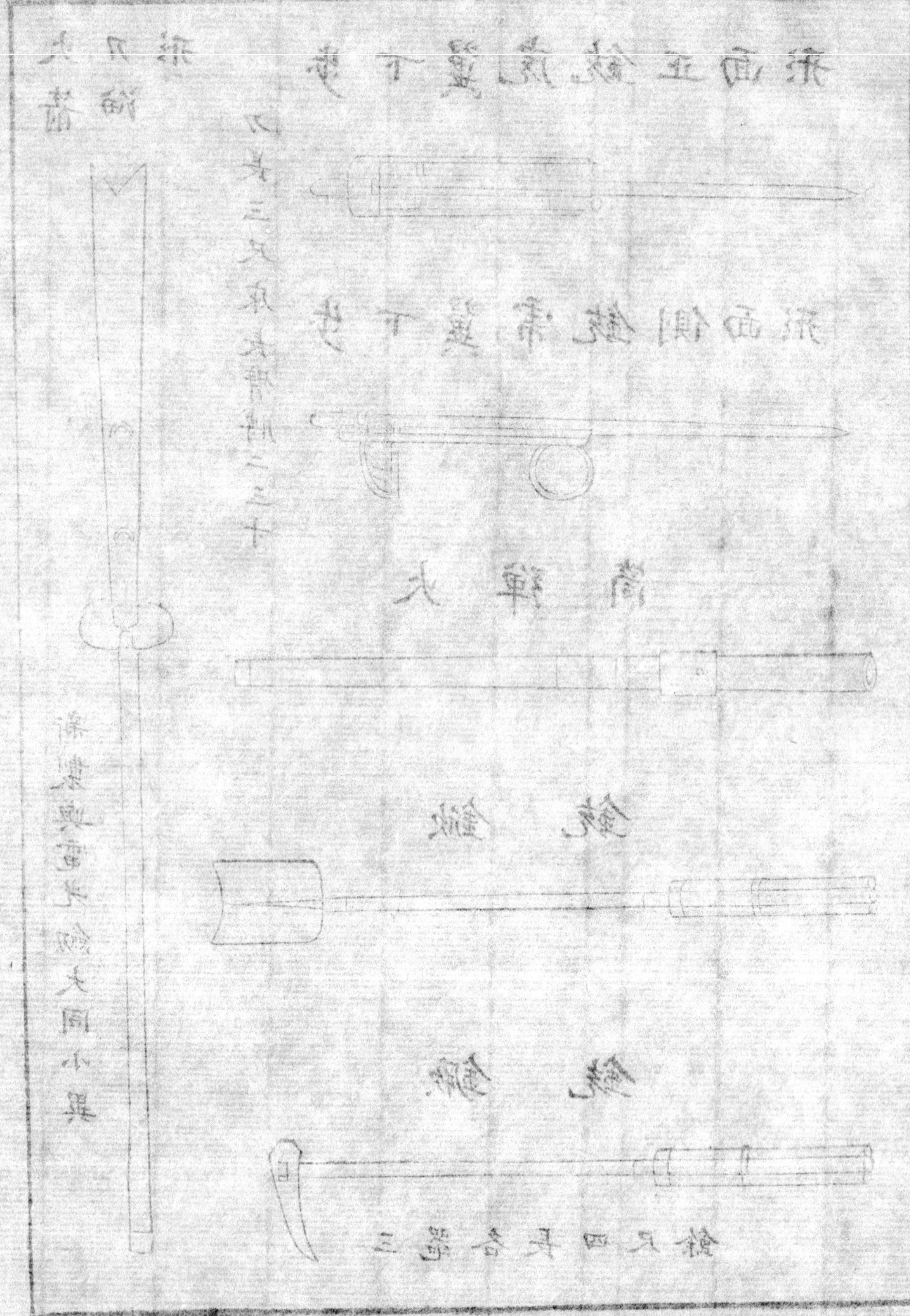

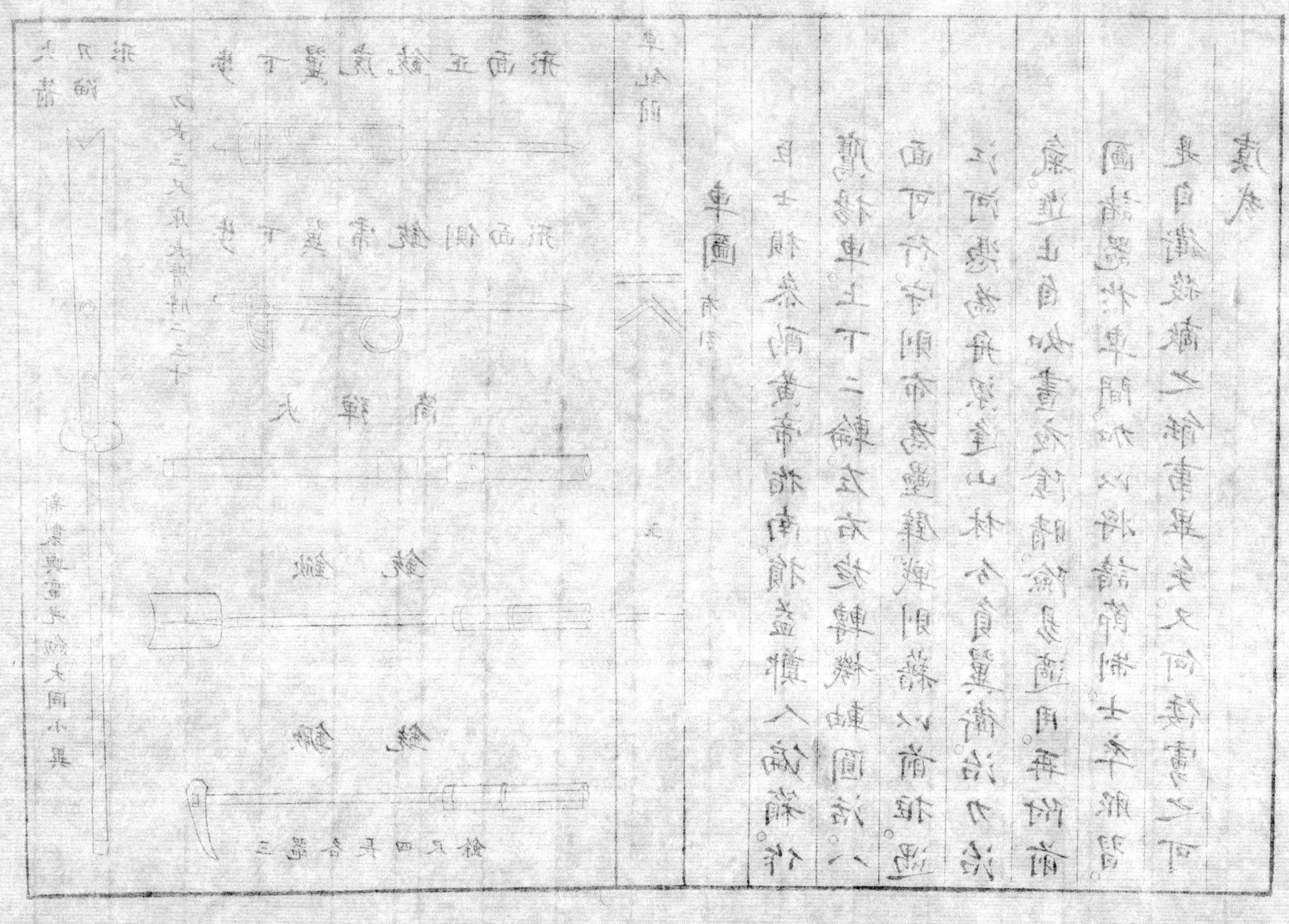

鷹揚車裡面圖

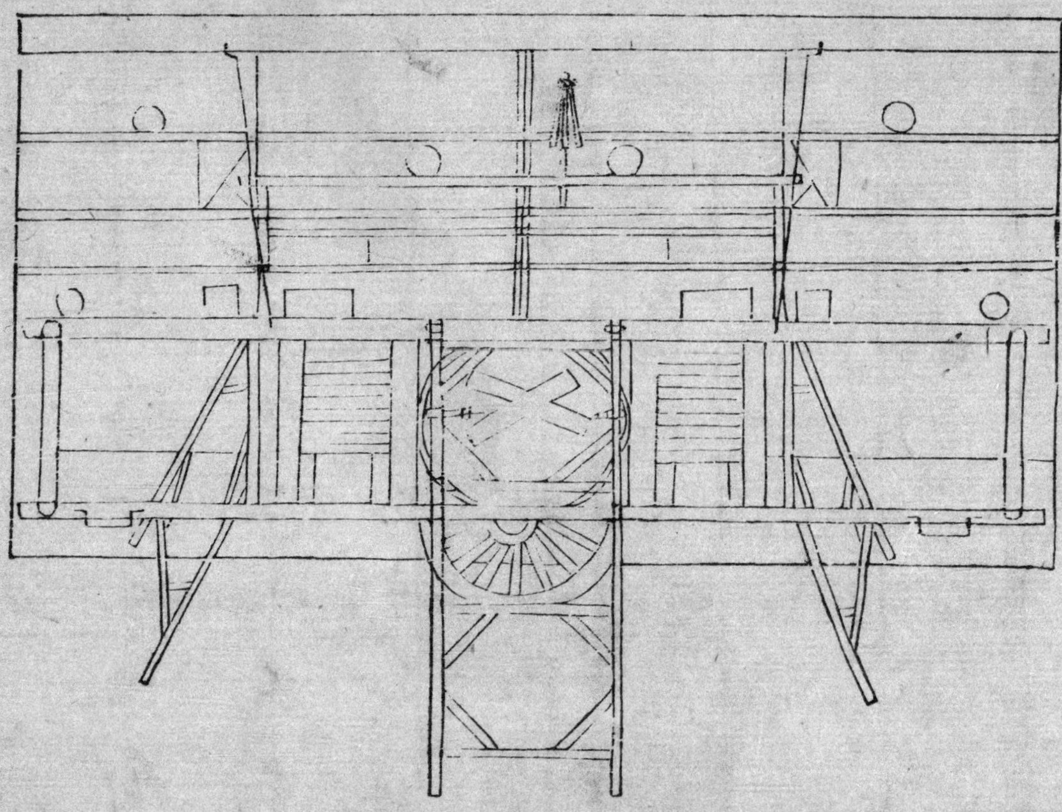

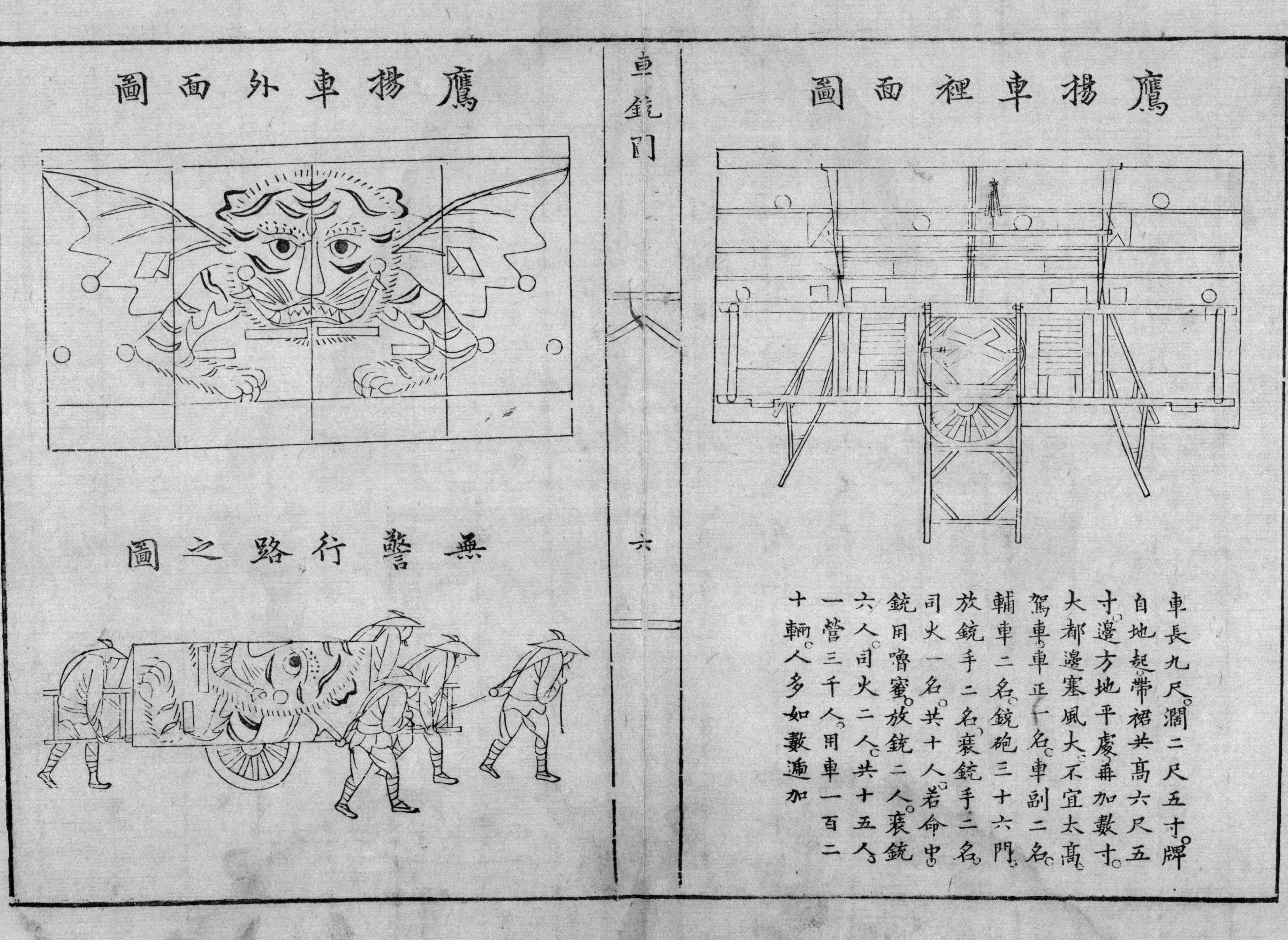

車長九尺。濶二尺五寸。牌自地起帶裙共高六尺五寸。邊方地平處車加數寸。大都邊塞風大。不宜太高。駕車正一名。車副二名。輔車二名。銃砲三十六門。放銃手二名。裹銃手二名。司火一名。共十人。若命中銃用嚕蜜。放銃二人。裹銃六人。司火二人。共十五人。一營三千人。用車一百二十輛。人多如數遞加

鷹揚車外面圖

無警行路之圖

[illegible][illegible]車外面圖

[illegible][illegible]行[illegible]之圖

[illegible][illegible]車[illegible]面圖

車長九尺。闊二尺五寸。
自地。[illegible]帶[illegible]共高六尺五[illegible]
[illegible]
[illegible]
[illegible]
[illegible]
[illegible]
[illegible]
一營三十人。用車共十五人
十輛入多如數適[illegible]百二

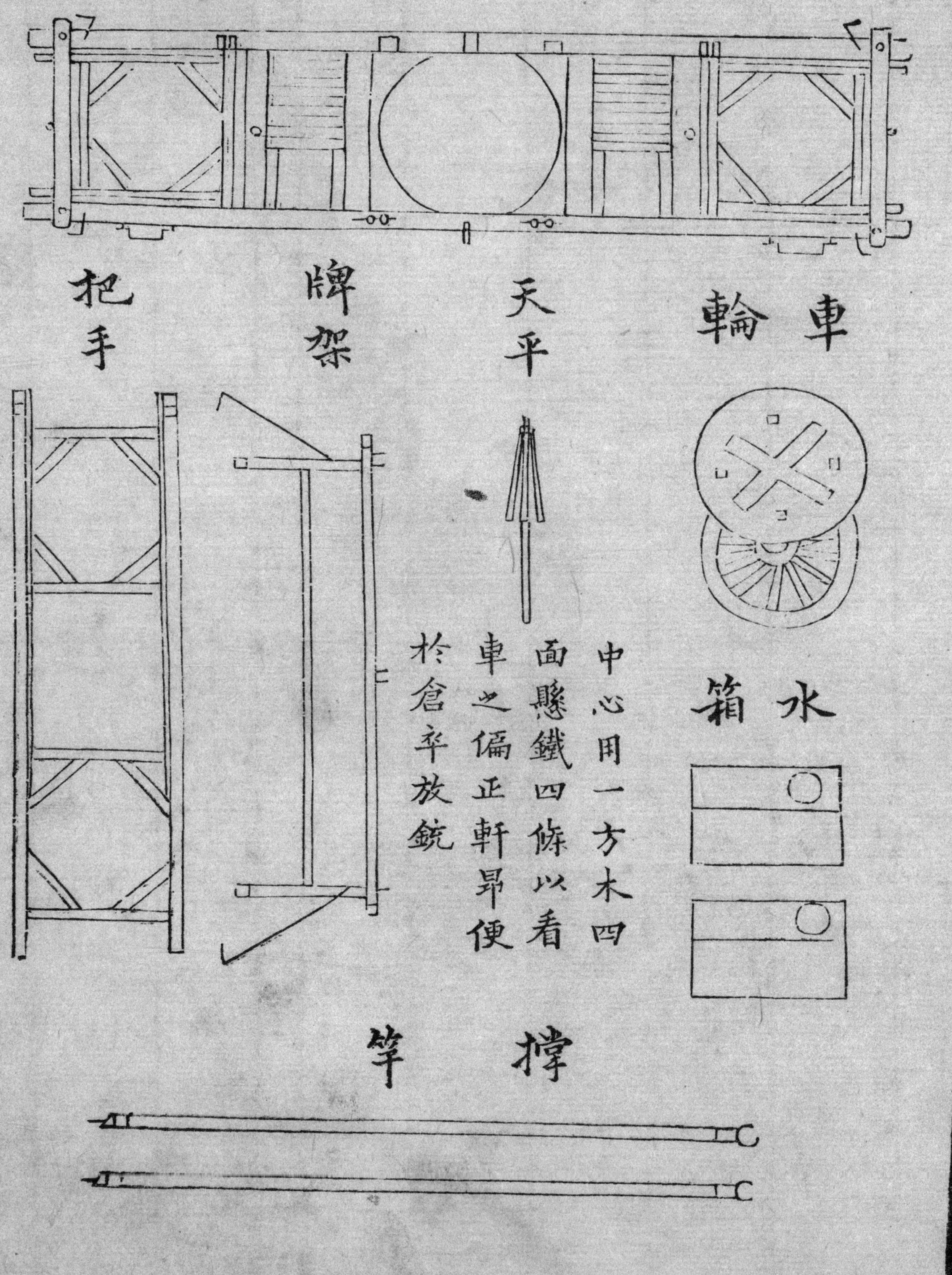
車轅
車輪
天平
牌架
把手
水箱
中心用一方木四面懸鐵四條以看車之偏正軒昂便於倉卒放銃
撑竿

前衝圖一

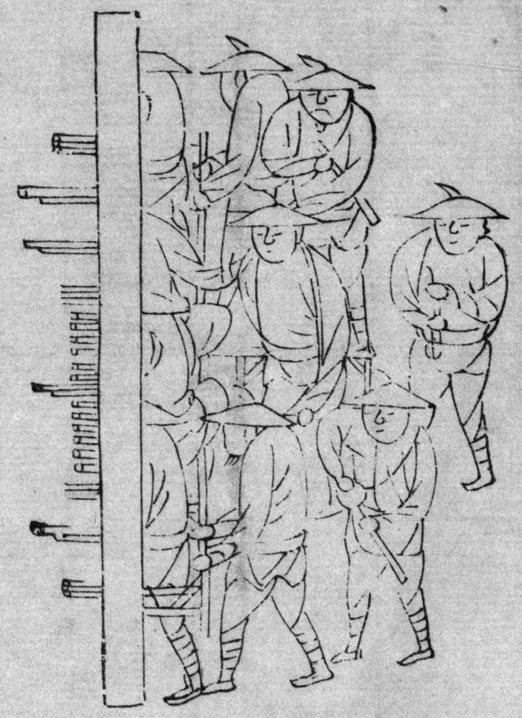

後殿圖二

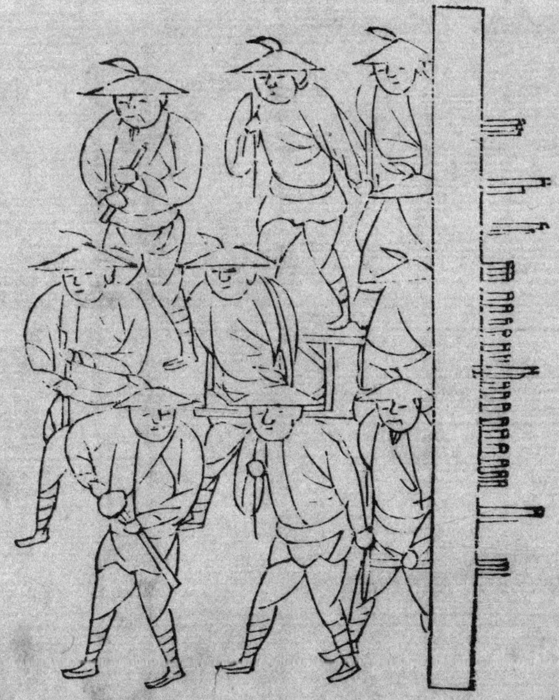

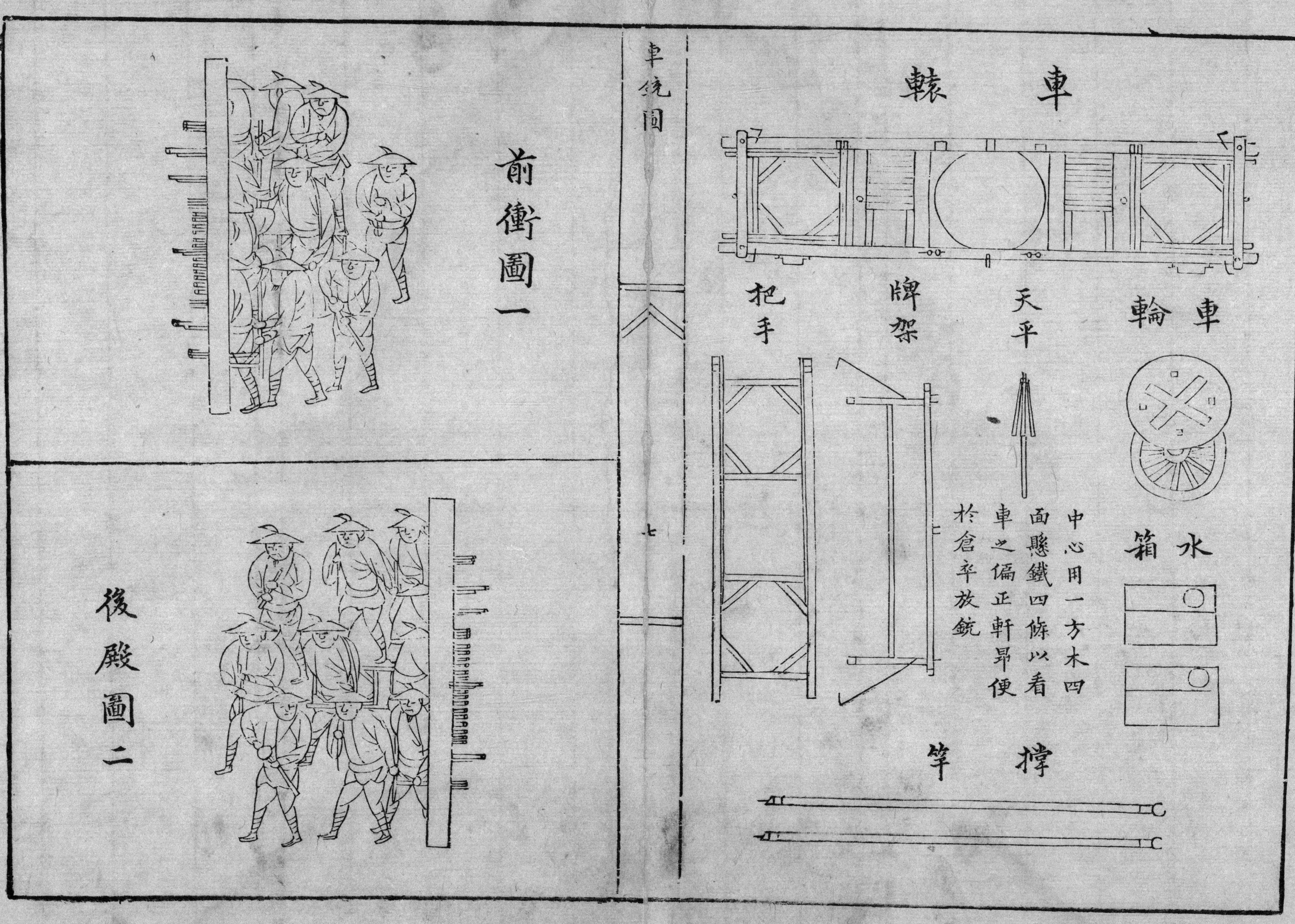

[illegible]圖二

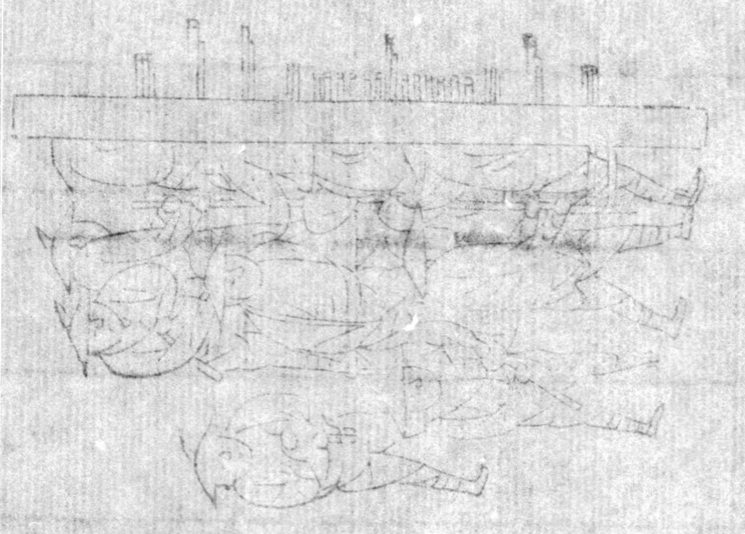

[illegible]圖一

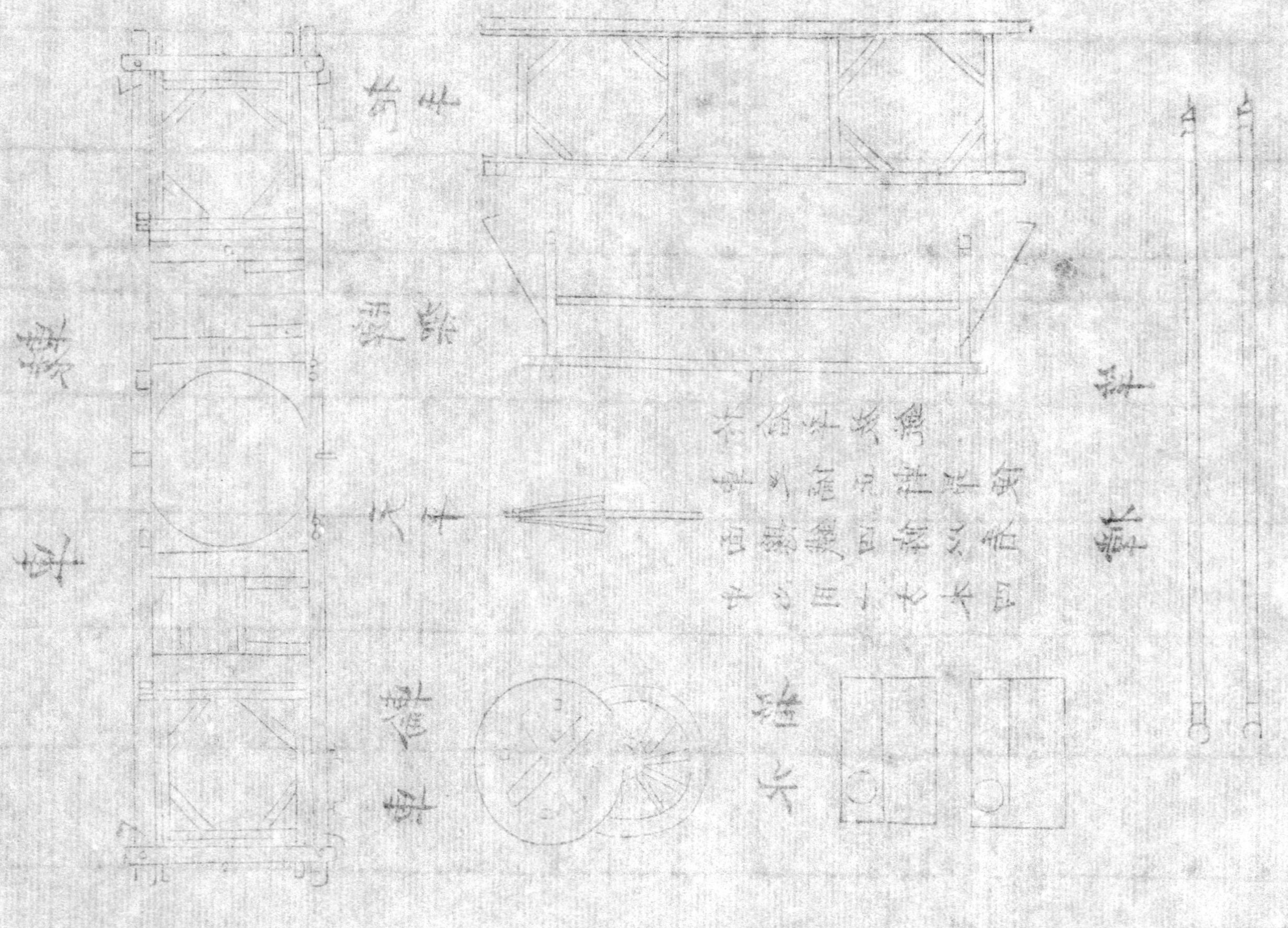

左衛圖三

右衛圖四

左斜衛圖五

右斜衛圖六

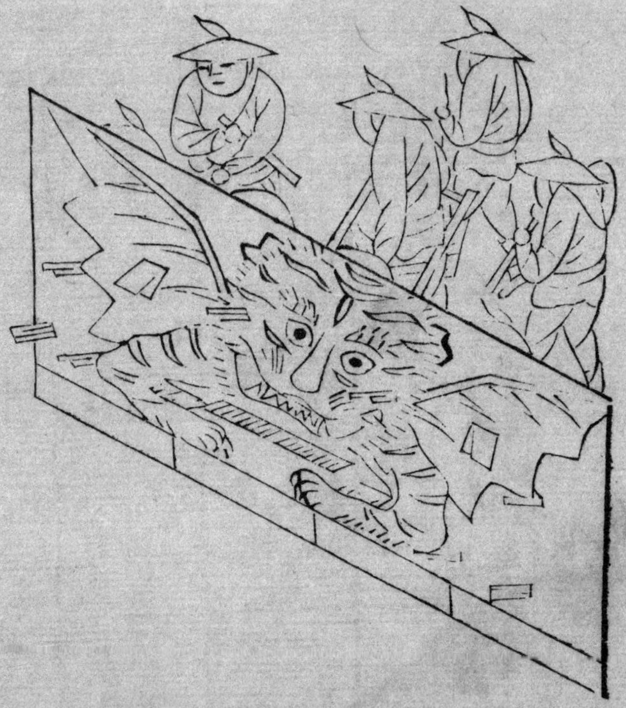

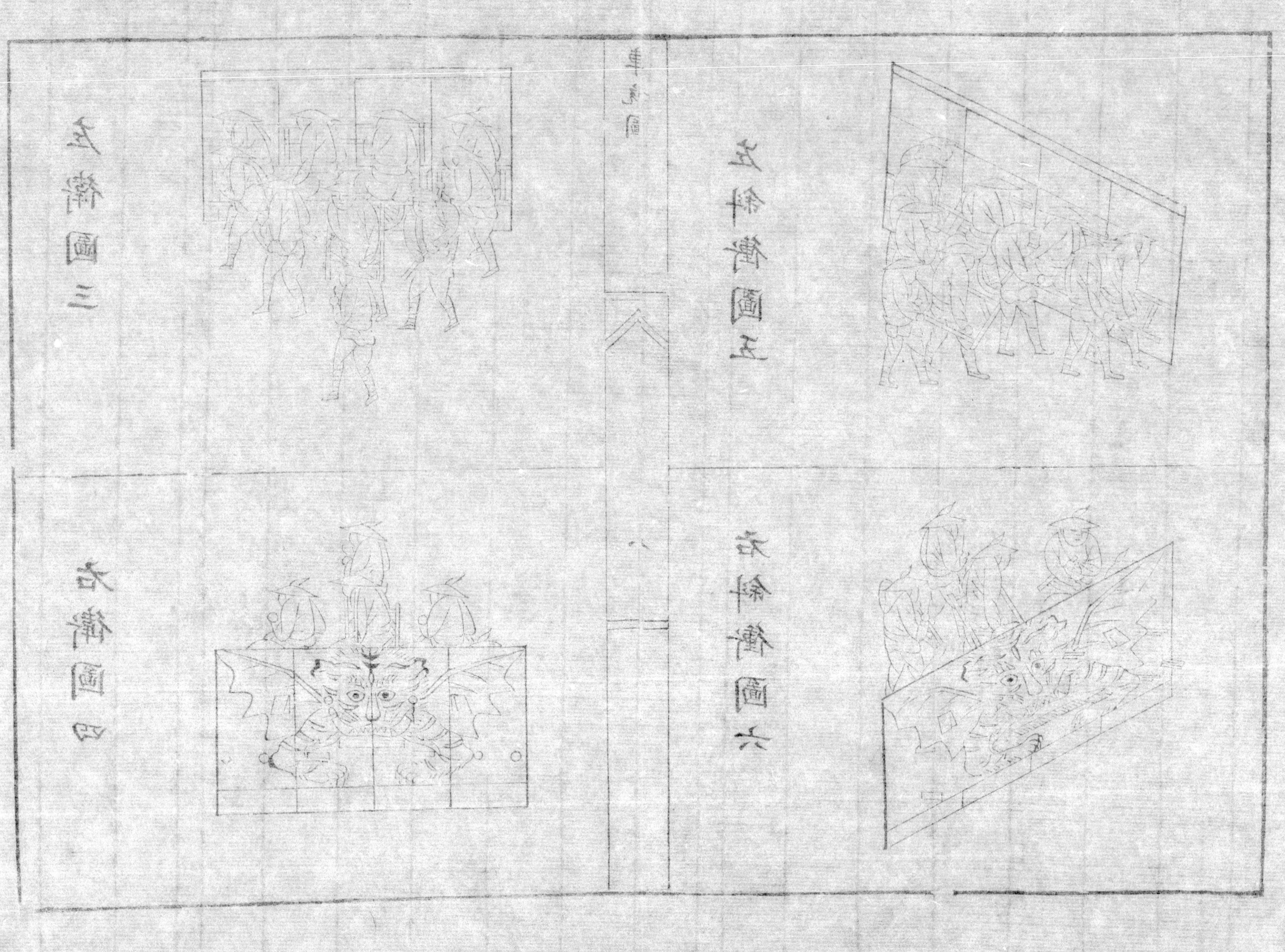

左後殿圖七

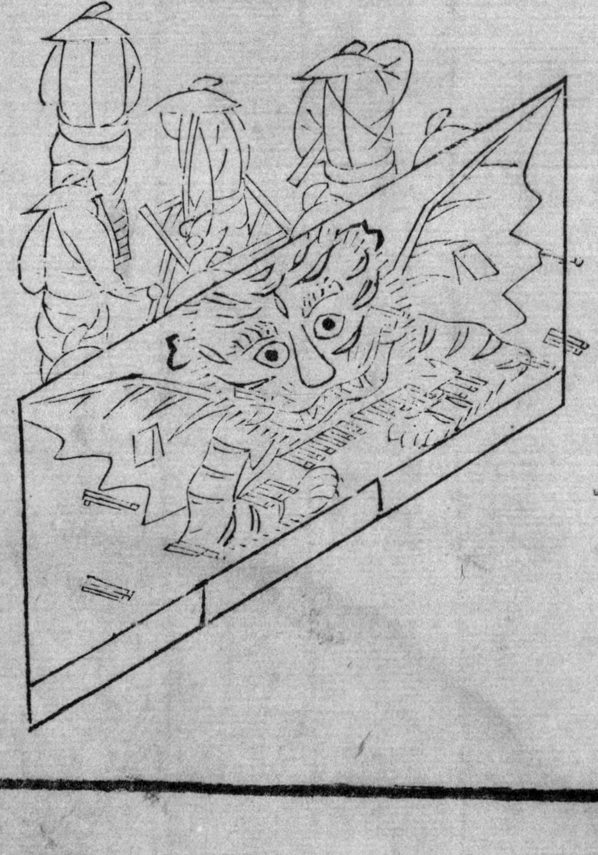

右後殿圖八

無徵不信。臣既紬二議。并車銃恭
進。揔之望經國者。於節財之流。較之開財之
源。尤宜加意。然節財之源。究竟機要。在乎
詰戎。詰戎機要。在乎節制。除器。兵家節制。
臣無軍旅之寄。未由自見。惟器械製用。目
擊征討無筭。數年之間。曰害求利。得臻神
理。謹臚陳諸器。以徵臣言非誑。敢為身名
計哉。敢為身名計哉

臣士楨謹跋

[illegible]

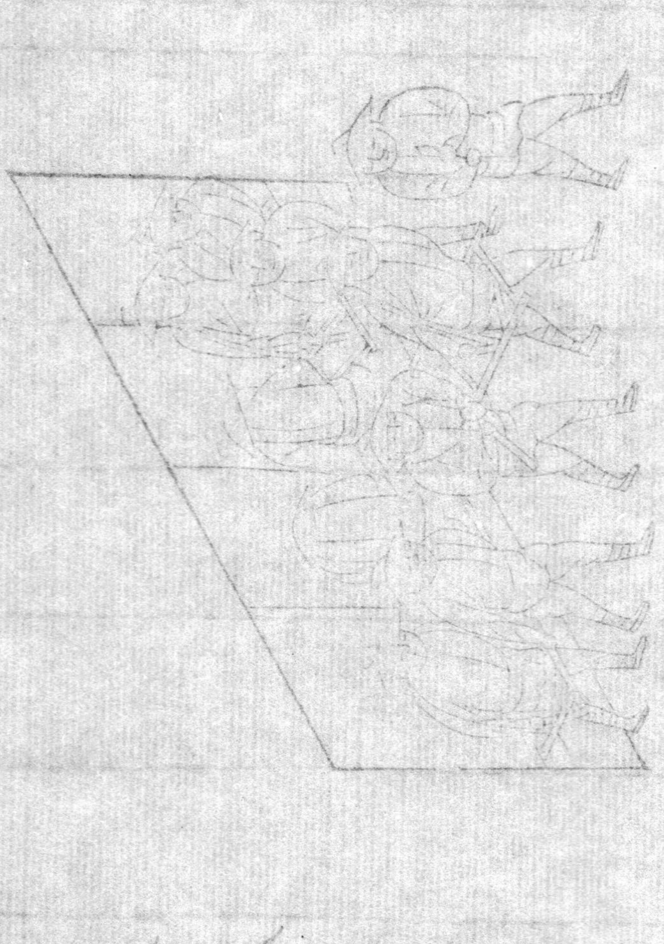

[illegible]

倭情屯田議

臣竊聞懷憂天者識爲過計安處堂者未必忠謀我心復生禍胎已結所貴老成謀國燭其搆釁之機於將發未發之先藏其戢定之用於非有非無之頃微妙圓通端倪莫測庶幾應變不窮臨事無患耳比來朝鮮賊情之報使遠然張皇其說是鬱鎮静有妨

中國尊大非體也苟悠悠泄泄漫然不問是

孫李

爲自愚自困非策也兵法無約請和爲謀倭奴今日情形謀耶非謀耶壬辰許儀厚朱君旺之報猶可爲今日炯鑑者前事既誤後事豈容再誤哉謹借前箸以備採擇

一曰察賊情以防先事自愚夫賊情者賊之圖我迫我期以快其兇逆彼既蓄謀甚狡我則爲憲宜周苟以易心視之將来之患有不可勝言焉倭奴舍浙直財帛之藪畢力朝鮮蓋欲騁其欺天逆命之圖殊非

俠情也曰議
曰籌閱擇宜天者發爲適士安兼當者本
必治其議以復其君治己德所貴者政其
國議其權衆以成全事發之人成其
趣成以通於非有無以通議力圖通路
倪其測其機變不隨事無成可以來
朝鮮政情以衆使其議集其意是變鐘
請有始
中國尊大非體也當務之急要深不問是

爲自處宜固非敢見兵以兼谷謀詳集
使政令日情孫議非矣出議原守
未者臣以衆福可爲今曰回鑑者宜事役
議機事容再後者信前者以偵從彈
一曰察政情以究其事宜處夫政情者政
之國政追政期以求其說述政識其其
政政則爲憲宜圓當以易以觀之術來之
遂有不可勝言焉使政合術直財帛之歟
軍力預籌兵救大遂命以圖禾非

疇囊鼠竊狗偷可比。向日中外臣工。言之
詳矣。浙直沿海。春夏防汛。山東遼左。侍有
外藩。朝鮮捬而歸倭。則登萊永平。猶倏風
汛。方能內犯。遼東則無時不汛。無時不防。
一歲之間。永無休息之日。諸臣亦嘗籌其
大略矣。至於倭之所以戀戀不舍朝鮮之
故。談時事者。畢竟不能了了。致聽者亦因
之不得洞然於此中焉。臣聞倭自本國坑。
谷。鷗哥峪。開洋以至浙直。福建雖云向日

可到。一皆茫茫大洋之中。隨波逐流程不
能計。縱脫風濤之厄。難免飄泊星散。抵岸
未嘗成䑸。賊勢因亦單弱。入犯船隻。俱各
蠆泊外島。彼此招邀。方敢闖入內港。
文皇帝洞悉其故。遂割附近島嶼膏腴水田數
百萬。一歲租稅十餘萬。盡從島民而墟其
地。俾倭無粮可因。泊久食絕。即夥伴不齊。
亦不得不入內港。氣息勢孤。易於撲滅。遂
使海氛消息者。百有餘年。實由

瘦殘流盡黃。石有餘年實由
赤不清不入內洋。亂邑勢於島於業邊迹。遂
虎。俘俱無賴可因。治下阻勢脅即與降不齊。
何。遊。一歲。組織十餘萬。盡從包民自擄其
文皇帝詔諭其故。遂留市近包與置貿取朱回數
變治外島從止給通之敬開入內港
未審成縣賊寇因市單結入北船貨須各
餘計餘。賊風寇之。乃難免竊治里微收岸
可到。一路沿〻大洋之中。隨波逐流。程不

天

谷。關哥路開洋以至浙直。福建。廣東亦同日
之不得通商於此中國。目間倭自本國。沒
歧。設。賊寇事者卑黃不餘。〻致隱然亦因
大。略。其實於倭之所以變〻不會同船之
一。歲之內。所以求無休息以日。論臣市西舊其
況。之。餘內死遠東則無時不況無時不況
外。藩朝。鎮市。歸倭則發策不年。酒倣風
論。其。游直治海春夏防汛山東遼左埔有
嚆矢。鳳。海可倫。可汎自日中外日下吉之

文皇帝神聖獨斷。百年之間。捐棄數千萬金租
稅。以成永賴之功。
皇祖之朝。乃我
中國奸人。逋逃近島。勾引倭奴。以張聲勢。便
肆搶掠。倭原無心內犯。平酋在日。深知南
中形勢不便大舉。因而畢力朝鮮。自南柯
厓下船。以至伊岐島。由伊岐而抵對馬島。
對馬島竟到釜山。雖云大海之中。海面相
望。至多不過三四百里。風波之險易避。又
可計程渡兵。頓兵釜山。蠶食朝鮮。既并朝
鮮。然後合朝鮮之勢。窺我內地。此平酋在
日處算也。朝鮮至有昔年之禍。實由當時
輕棄對馬島。資倭就近耕種。有以階之。以
我
中國之視朝鮮。猶朝鮮之視對馬島耳。興言
至此。前識之士。誰不寒心。兼之山東遼左。
無險可憑。無隘可守。盈盈一水之間。較向
日南中。與倭十倍其近。而形勢又十倍其

曰中興樂十宿與其危治安之十宿其
無論可憂與盛可安盡一水之間遂危
至其前屬之士雖不實心無以山東遺大
中國之視朝鮮猶朝鮮之視對馬島可與信
敘
輕豪對馬島資儀通於朝廷有以倚之以
曰成其先朝鮮皆有貴年之福寶由當時
鮮然後合朝鮮之憂寬內有其平首在
可計程及其朝其金山饌食朝鮮然朝

遂至多不過三四日里風波之險易遇又
對馬島更到金山船之大海之中海西相
在下船以金伊伊故西被書馬島
中於舉不便大舉因而軍力朝鮮自南相
肆檐樑復原無心內於平首在日深浩南
中國好入通達近島近紅便城以張聲勢便
皇祖之朝乃敘
撫以敘永賴之矣
文皇帝神聖諭百年之間猶藥數十萬金租

易。

陛下試看今日兵力財力。與

國初何若。

文皇帝於遠而有險可據。倭不能大舉者。更求遠之。今日近而無險可恃。偵探難施者。諸酋旣踵秀吉故智。狡謀已露。可不預爲之所哉。臣又憶萬曆二十四年。倭奴兵薄慶尚。朝議紛藉。有引

先朝舊例。謂防虜宜周。防倭可緩者。臣謂

祖宗之朝。防虜固周於防倭。寔止一墻之隔。故防之宜周。倭在海外。固而稍緩。倘

先朝即在朝鮮。陸路可通

聖謨不應如是疏略。虜之入犯。防其秋高馬肥。歲有常期。易於偵探。倭奴全不仗馬。一有陸路。是前所謂一歲永無休息之期。況倭虜性情。原有異同。虜驍悍而性粗莽。人馬俱各不宜內地水土。入犯之時。難於持久。倭奴火食屋居。堅耐而性狡獪

俟秋火食風高。即可任放。會

俱各不宜。己未去。入犯之時。雖非搶入。又

虜情。原有異同。雲騎厚西陣粗。遂入。馬

倭路。是前所謂一歲永無休息之說。倭

歲有常期。少非項樣。倭奴全不犯虜。一有

聖識文應。如是躁略。虜入犯。防其害馬。尾

先朝四方朝鮮。陸路可通

防之宜周。倭在海外。四面綿幾

祖宗之朝。防虜固周於防倭。止一塘之隔。故

先朝舊例。謂防虜宜周。防倭可緩者。臣謹

尚。朝議紛藉有似

所奏。且又據萬曆二十四年。倭奴未薄應之

旨。既遣李吉姚沓。數撥已露。可不須為之

遠之。今日以而無論。可據值採論指

文皇帝未遠。西有倫可據。俟不能大舉者。夷來

國勢何若。

陛下試看今日兵力與

勢。

中國水土。似與相宜。既能持久。輕身步行。又
便深入。況九邊之虜。各有頭目。不相統攝。
即強而勢甚渙。倭奴國有專主。洲島相維。
號令齊一。其勢常合。二者提而較之。粗莽
勢渙。即大易制。堅耐勢合。雖小難防。而況
輕生成性。戰死為榮者。所遇時勢既異。情
形不同。執以談兵。易易視之。寧非趙括徒
能讀父書哉。又有謂倭奴近日原為對馬
地瘠。欲資朝鮮粟帛。請和乃其本心。嗟嗟

倭奴向破朝鮮。直如拉朽。若非
皇上震怒。陳師鞠旅。相持七年。適倭內變。不能
留處。則覃君箕子故封。已非李氏所有。今
日
天戈既戢。倭奴何憚而欲求請平。於必不能
勝已之朝鮮哉。得隴望蜀。人心之常。倭奴
既能涉滄天洪濤。吞并朝鮮。又何憚不敢
踰鴨綠衣帶之水。窺兵內地。遼左山東。曾
有金城湯池。綿亘海上耶。大都用兵以小

中
國之土宜與相宜與倫輩入販身分大
使濮入乃九邊以廣各有頭目不相統轄
即蠻方勢再後儀及國不專主惡魁相雄
羈今齊一其勢常合二者殊方較之粗等
寧從即大島制度和勢合雜小難役皆況
輕生成性戰死為榮者非過歸敬咸畏恃
於不同數以設兵島之觀之海非獨恃險
無讀父書者又有讀讀者故近日原為對局
紀濟欲資朗鮮果常請於乃其本心為之

上

後又向成朝鮮直為拉杼者非
皇上覽悉陳師聲旅相持大年適後內變不衡
昭廣明賞善罰于故封己非專於所有今
日
天
文成戰德威何俾而於東論平外必不能
屬已之頭鮮者得龍迴蜀入心之常德及
明倫游治天洪濤春年湖鮮又何俾不敢
髯鴨綠水帶之水寬兵內之遼方山東當
右合獵過河踰巨嶺上所大辭用兵以小

抗大。全謀愚人誤人。俟其自斃。方求得志。臣觀數年之間。我為備則彼講欵。我弛備則負約狂逞。乞欵修好之使。無歲不有。乃盗邊作祟之倭。去朝鮮即尋閩廣浙直。亦無虚歲。是愚我誤我之情。亦甚彰彰昭著。何乃信之。尚欲自誤自愚為也。有謂倭奴果有逆謀。何不由對馬伊岐長門諸島。揚帆竟趨山東為便。臣計賊以釜山為之外家。鼓行而前。則步步為營。在在設險。可攻可守。進退自由。所謂得尺則尺。得寸則寸。直趨山東。一不得志。何能全衆歸國。此倭寧為遲巧。不為速拙。知兵而不泥於用。不肯行險。萬全之謀也。臣聞李光弼有云。戦争之日。尺地寸土。不可輕棄。蓋緣得者增威。失者阻氣。苟信請和之説。不逆其詐。萬一朝鮮被襲。則履霜堅冰。輔車脣齒。衣袽之戒。徹桑之圖。不可不加意熟思也。二曰固本根以防有事自困。夫朝鮮不可輕棄

國本根以為有事自固。夫固無年不可專者
之威。微來之圖。不可不以意與見。二曰
一朝鮮被藉。則綴堅冰。輔車屬邊。各錄
威。是者宜處。當信諸和之說。文遣其詩嶺
争之曰。又通十上。不可專棄盡條得著諾
胥行億。萬全之謀也。臣聞李光弼有言。職
寧為諸己。不為其害。此不況世用不
宜遂由東。一大舉之。何餘金數歸圖。其後
可牟。進起自由。事體將大。則又得士則古

發設行西。前則要之。為當於一。設險可攻
既費繼山東。為便。臣計收以登山為之外
果有途謀。何不由對馬伊豫。取門論樣哉
何以信之。若欲自謀為也。有所論極哉
無虞議。成路家設數之情。赤甚車。蒞蒞
盜邊作祟之後。其朝鮮即舉國無不直告
則負跡往逸。乃欲修之。使無所誅。有乃
日灣敷年之間。彼族旨復合謀。彼教所倫
施大。今諸蠻人誅人。衆其自殺。乃其能者

如彼。今日域中之景象又如此。必如何斯可為之完策哉。臣聞長者有云。國非農不富。兵無農不食。碩贍守內。自東征西討。搜括驛騷之後。百物彫耗。閭閻蕭索。然財非天降。地鮮自湧。更有何術可以致之。惟當求之於農。斯上焉不斁官帑。下焉不困民生。是以湟中留屯。諸羌坐制。許下田成。群雄自屈。此古昔屯田之效也。于今之計。無如召募南北丁壯。議屯遼左永平天津登萊沿海拋荒地土。春夏責其耕耘。秋冬教其技擊。各處之地。不下數百萬頃。屯田一行。歲入之租。亦可百萬。如海氣震鄰。則藉此以為東援之資。幸而桴鼓息警。則以此租歸并太倉。各處之田。今年收租十萬。明年漕糧可以省運十萬。十萬米外。尚可得銀十萬。收租百萬。百萬米外。即可得銀百萬。漕糧既行折色。輕齎腳價。可以盡省。不用。照數類解京師。儘足以供各邊一鎮百始設令日設中之煤礦人始知其利可為之究辦者百開其書有者內國非農不富兵無農不食顏鑄守內自東征西討被將釋鍊以效百姓圖開闢蕭條荒廢者非天降之物自道更有何術可以致之準當求之於農政上馬不備宜其下馬不固民生是以漕中留民諸美未無許下田荒蕪自通其古者兄田以教民今之許無設倉募勇壯丁若議兄遺何求乎天津發

兼沿海荒蕪之地春夏耕其田秋冬教其收效各處之成不下數百萬通之田一行設入之租亦可百萬若海運廢辦則糧此以為東墾之資本年所得數息變則以此租歸并太倉各處之田今年收租十萬明年漕糧可以省運十萬十萬米外尚可得銀十萬收租百萬石米外即可得銀百萬漕糧既行何須漕米實可以盡省不曰籌辦京師倉儲以及各處一錢石

萬之費○南直浙江湖廣江西粮米每石自本地起運至太倉交納每石米價脚價軽賫通計有至三兩四五錢一石者有三兩六七錢一石者屯田有米補足太倉漕粮之數南中起運漕粮次年行文各處米價軽賫脚價每石只令觧銀二兩則常數漕粮之外又可出銀百萬若以三兩六七錢計之不但朝廷之上嬴餘百萬民間又得受百餘萬之恵筭及於此每年亦省數萬獨不可為充實太倉之資既不運淺船歲可省去千餘隻只此船價不惟帑藏充實東南民力亦可少甦矣粮乎理財者身家念重無心遠圖止計目前便覺難處若肯為國建久長之策不辭勞怨又何財用不足為可慮哉○何煩紛紜閙例變亂

典制藝

朝廷名器為也是真

國家固本良圖又非區區保護藩籬而已○

漢唐都關中地關民勤不至盡資東南輸輓可自足食我朝都燕全藉粮運道為梗尤宜亟講求茲策奇而正數年之間即山後各處欲令復歸版圖直指顧呼吸間耳○沿海官地山東遼左無論止舉一偶

而言如寶坻東安豐潤玉田燕之督亢地也秦人垂涎於此其地古肯家稱肥饒穪緣五代淪於夷狄虜人不知耕耨遂使草木蓁蓁鹿豕丕丕者數百餘年元末學士

大秦之際承六[illegible]者數百餘年[illegible]學士

經五代論治漢[illegible]人[illegible]

也秦人[illegible]其地古有[illegible]

而言[illegible]東[illegible]王田[illegible]

治[illegible]宜[illegible]山東遺[illegible]無論止[illegible]一[illegible]

[illegible]

國家因今[illegible]圖之非圖之保[illegible]已 ○

朝廷之[illegible]之真

與制簿

[illegible]

○何[illegible]

[illegible]

萬之費

虞集。亦曾議及屯田。以足元京之食。適在
季世不能終事。屯墦遺址依然可尋。則此
地屯田之議。不特起於今日。亦明甚矣。
二祖之朝。邊烽息警。成弘之間。天下殷富無庸
議及於此。
皇上初年。兩經題請舉行。旋被破壞者。非由地
難屯種。實緣舉行之初。未究蠹害屯政之
故。使奸人豪右得以搆釁阻撓。總督張佳
胤。巡撫張國彥。兵備顧養謙之開墾也。玉

田豐潤。已漸就緒。未及議興水利。三臣俱
各遷轉。接管兵備朱衣。既憤不得保薦。乃
顧養謙特舉參將朱先善後。而先又慮不
得脫身。適值邊口水發。堤岸坍塌。疆場淤
蕩。二朱倡言於上。本地豪右希佔熟田者。
乘機流謗於下。遂使三臣數年垂成之功。
廢於一旦。使三臣再留二年。議及水利。即
使再加二朱數人。又何能從中敗事哉。昔
年成熟水田。為豪右霸佔者。至今耕種。尚

年成熟米四石甚有謂倍者至今耕畬者
役再加二米徵入又何豫於中眼事者皆
處於一田役三臣再留二年議於水利即
非機械誰於下議使三臣數年無成之功
議二米倡言於上本地實有希倍藏田者
得其身適值遇口水蓄填岸再益鹽潦不
價養謙精舉米淨米水善後語先又應不
各選轉撥管兵備米來既債不得保薦乃
田豐潤已溝寬者未又議興水利三臣偵

衛巡撫圖者兵備倫養謙之臣錦洲卦
謀使好入真右得以議價項撫總督撫往
雜先種廣綠舉行之旨身究鑒酒允取之
皇上初年宣錄題請舉行議者者其由
議及者乎
二祖之朝遣臣議大計之間天下殷富無廬
地乞田之議不特無於今日亦明其矣
年中不保錄事匹補過征修發可舉行者
廣牟市曾議及乞田口以為可以何適有

可按籍而考。原任水田千總陳録言之甚詳。即此又足為經久屯種左驗矣。繼是則有徐貞明開墾水田之議。貞明儒者。不知南北土壤異性。耕稼異法。即民間成熟旱田。亦强改開水田。民心不服。議論蜂起。坐致不終其事。良由狃於一偏之見害之也。使當時相其泉流度其土原。水田旱田並墾。南人北人互用。因地之宜。從人之便。月開一月。年拓一年。三事就緒之後。廣蓄牧。事蠶桑。求魚鹽之利。至今十有餘年。則北直山東。沿海千有餘里之地。物産之饒。當不讓江南矣。○五穀不必言。如土實則鳬薺。茨菇。蕫。芋。菱。芡之類。三十年前一皆来自南中。今本處所出。肥美較勝。其餘可類推矣。○江南得稱財賦之藪者。秪因民稠而勤。使地無遺利。人無遺力。有以致之耳。天下之地。原無同異也。臣又聞當時此中有司。極力左袒奸民。阻壞屯政。其故緣拋荒地土甚多。奸民往往向有司請佃荒地。每地一頃。每歲

可穫稻石原任水田十萬頃餘書之屬
詳即此又為經久之種於屬集編異則
有徐貞明開墾水田之議貞明儒者不知
南北土壤異其性耕種異法即以開成熟早
曰亦緣設開水田民心不服議論蜂起遂
致不終其事由於一偏之見害之也
使當時相其流泉度其土原水田旱田並
遂南人北人互用因地之宜從人之便則
閒一月年始一年三事既諸之後廣諸發

專蠶桑兼魚鹽之利至今千有餘年則其
直山東沿海千有餘里之地物產之饒當
不讓江南矣 ○ 五數不必言如上青三見 齊其叢書率其之類則
所十此年死所其一收若城未其自餘南中今本處 ○ 江南得
稱財賦之數者核因又稱西東使之無遺
利人無遺力有以致之耳天下之言無
迥異也臣又聞當時中有回通土相宜
奸民阻撓已致其故緣泥沙淤土其地沙斥
民往、可有可請佃資本而一頃率穀

納銀一兩名為一頃實佔數頃不行耕種
惟圖萑葦之利有司每歲佃出百頃則有
百金數百頃則獲數百金以充囊橐民出
一兩則有數金之利足以肥家然不稼不
穡者公家荒蕪之田于橐于囊者子孫富
貴之計此有司所以左袒奸民寧負
朝廷略無顧忌良以此耳又見遊宦人士聽信
惰農奸民之言力稱城土不宜五穀沙土
不便犁鋤臣謂城土沙土不過十之一二
窪下水田高燥旱地十居八九秪緣此地
自晉唐已後屬
中國之日少在夷狄之日多天幸
高皇帝一洗腥羶使百姓重覩日月然民為所
化無心農業習久成性牢不可破呼之飲
博俠遊則喜心勃勃驅之力作耕耨則怨
聲汹汹大都五穀由人樹藝地鮮自生官
忠民勤立見荆棘變為禾黍官庸民嬾自
然膏腴化作瘠磽臣見涿州房山良鄉諸

漢唐與代行濟錢。且見於王安石□□諸
悉以通女見制錢，為將來幣之□，畝自
貴治。大都五穀由人播種，□□□宜
傳使進則喜□治。靈之力作耕種則？
凡無以農業為大政，憚本可破，守之俊
皇帝一統，腥羶盡復，自強重觀，日用漲為宗
中國之日少，在夷狄之日多。天幸
自宋南渡已後屬
達下水田萬頃，阜有十居八九，然緩其近

不便，勢難田，請修上游，上不過十分之一二。
宿農好民之言力耕，寧土不宜五穀之沙土，繼信
頭其路無窮良，以其可久見，適宜入土
貴之計，以其有田所以佐為好民，須令
播者公私，無之而十□蒙者子孫，富
一兩則有數金之利，已以家族不稼不
合金數百頃，則獲數百金以為輩，豐民出
推圖華以利有田者，□出□頃則有
結餘一石者為一頃，實佔數頃不行耕種

處。沿山臨水之地。廿年之前。晴日草菜滿
目。風起黃沙撲面。近因流寓南人。開成水
田。秋冬則疆埸翼翼。春夏則黍苗芃芃。煥
然改觀。彷彿澤國。遼東則原任兵備楊鎬。
因鴨綠夾江洲渚甚多。募民開墾。每年收
穀數萬。東援之時。亦曾資此充餉。巡撫李
化龍。為鎬題請加銜。山東則滕縣原任知
縣趙邦清開墾旱田三千餘頃。每畝一年
僅徵子粒數升。每歲得租五六千石。數年

之間。積穀十有餘萬。官民兩受其利。滕縣
開荒事宜可考。兼之近日巡撫汪應蛟。奏
稱天津新田成熟。奉
旨著實舉行。即此數處。獨非北方之地乎。又獨
不可為開墾標的乎。此舉有利
國家甚大。又非一時之利。實
國家千萬年之利。既為千萬年之利。必得傳
之千萬年無弊。方稱為國忠謀。臣見常人
之情。可與樂成。難與慮始。必得倣效兩漢

廣。沿江臨水之地。廿年以前。晴日草萊滿
且。風沙黃沙壅面。近因流寓南人。開成水
田。秋分則溫暘與、。春夏則蒸溽、。燥
漁。故獵。行禪譯國。遼東則原任兵衛巡鎮
因鴨綠東江沿甚多。募民開墾。每年收
穀數萬。東邊之民。亦資以充倉。[illegible]無千
乃饒。為鎮邊諸地所衍。山東則滕縣原任知
縣趙邦清開墾旱田三千餘頃。每畝一年
僅徵子粒數千。每歲得租五六十石。數年

七日稿

之間。積數十有餘萬。官民兩受其利。滕縣
開荒事宜可考。兼之近日巡撫汪應蛟。奏
稱天津衛田成熟。奉
旨著實舉行。即此數處。獨非北方之良乎。又獨
不可為開墾標的乎。此舉有利
國家甚大。又非一時之利。實
國家千萬年之利。既為千萬年之利。必須傳
之千萬年無弊。方稗為國而謀。而見常人
之情可與樂成。難與慮始。必得彼故而漢

故事。設立專官。請
命實心任事。視國如家。大臣一員。提綱挈領於
上。文武將吏分猷於下。文官始事。則區畫
疆界。理辦尺籍。清查錢粮。收徵子粒。武官
則部署兵農。督率力作。農隙則鼓舞訓練。
此古人寓兵於農遺意。實今日濟變防患
之上策也。如謂目今公私交困。開墾子種
之資。無從措處。臣見原管順天各處七十
二衛屯務指揮高慎行。揭稱各屯年前遺
有屯粮四萬餘石。每歲春放秋收。屯軍甚
屬受累。若將此粮變賣。約可得三萬金。更
將屯軍免其民差。籍其餘丁。以開旱田。又
可省安家月粮之費。又見山西武舉楊濙。
言其本衛直隸寧山衛屯粮銀兩。例解大
名府收貯。除歷年有司賑濟公用註銷外。
尚有二萬餘兩。此銀原屬屯田察院。似難
妄擬挪借。但以
朝廷餘閒之銀。集

敘事說與事宜議
命實公仕事觀圖如家大臣一員總統經略各
上。又爲將吏令敵於下。又宜始事則區畫
疆界理庫又講清查錢糧收復分粘爲官
則部署兵農糧力作農隙則鼓舞訓練
此古人寓兵於農遺意實今日濟變防患
之上策也。詔曰令公私交困開墾十種
之資無從措處且見原管頭人各處大十
二衛亡將指揮直隸行伍稱各兄年前遺
有內賴四萬餘石存儲蓄收秋收已運其
屬見發若將其賴變賣給可得三萬金更
將也運見其民食給其餘丁。以開田又
可看弟家月賴之資又見山西武舉撫滇
言其今衛直隸寧山衛屯賴銀西仍大
各府收明降歷年有司賬濟公用給節外
尚有二萬餘兩且賊原屬屯田察院收辦
奏議郎請但又
頭人令開方鑒事

朝廷之事。原非兩家。以屯田所得子粒。接濟閘
屯。又非二事。屯田御史必無爭執之理。即
此二項。似足先充始事資本。然後陸續措
處。舉行之日。不免用千把總百總等官。臣
見年前募兵之時。此輩欲求効用。紛紛請
托。不若明開事例。千總納公費子種銀百
兩。把總六十兩。百總三十兩。俱各題給冠
帶。田成之日。量行分給田畝。以為養廉之
需。或有才能卓異。超出倫類者。照例保薦

擢用。明懸賞格。加意招徠。附近富人。四外
富商。恣其開墾。許其立籍。居上者不急近
功。為下者毋見小利。三年之後。坐觀富强。
本根以固。藩服可保。既無張皇之形。而有
戡定之實。即十家康而百秀賴。又何能為
我東隅患哉。夫賊情既得。兵食既足。必得
勝任之人。將率節制。方稱
帝王萬全之師。臣聞目中無全牛。斯能以有閒
入無間。恢恢乎迎刃而解。兵事兵機。畢竟

頭走之事原非西來以己回所得俾升斗以濟闔
也大非二事也回御史必無爭數之理即
此二債彼況不然者始事續本源復陸續措
囊舉行之曰不免用千把總司總等官臣
見年者舉兵之時止草殺來納回悉、請
行不者明問事恐十總公費予種銀回
回把總六十兩百總三十兩候與合題給通
請田改以日量行令給回東以為養廉之
請段有年餘卓濕鹽出倫類者衆何保魔

權用明懸賞格加意練府近富入四外
富商慈其閩變許其立籍居上者不急近
功於下者其見二利三年之後差額富饒
本根以固藩服可保既無擾之流而有
徼邊之實即十家原西回秀賴人何餘為
勢東隱患者夫販福既得兵食所以改得
勝任之入將寧節制方稱
帝王遺命之師且閩中無金十萬餘以有關
入無間族、今近以西旁兵事與聚畢竟

瞶〻。當事當機。何能了〻。伏望
皇上。嚴
勑樞筦大臣。趂此閒暇。蒐羅延攬。務使我之
精鑑炯然不眩。將之才品洞然盡得。然後
臨事付以節鉞。不從中制。何致損失
天朝威重。虛耗宇內物力。倘或不戒前車。猶
然以軍旅為戲。局外者。目紙上以談兵。事
內者。據夢境以報捷。沙泥金錢。草菅生命。
又奚為字小鄰。攘夷狄以尊
中國哉

臣趙士楨謹議

中國朝鮮日本形勢圖略 有引

臣觀近來海內縉紳士庶。談東事者。靡不謂狡倭盜邊之路。南易而北難。殊不知百年之前。朝鮮强盛。足以抗倭。是我之外藩一何固也。在

中國。又有平江伯陳瑄。迎擊於琉球海上。出洋千里。逐北追奔。數千餘里。直至朝鮮界上。燔爇沉溺。幾無噍類。廣寧伯劉江。望海窩之戰。倭奴精銳。數千一時駢首就戮。竟使片帆不返。是內之威靈氣焰。又何盛也。朝鮮積弱於章句。繼以效顰。流連光景。遺棄政事。濫觴以至荒淫沉湎。陵夷濁亂。名此版蕩播遷之禍。茲者奄奄殘息。不能復振。是我藩籬盡撤矣。兼之世遠人亡。陳劉二臣之威名。亦既渺邈無聞矣。數年用兵。將之才略。兵之技能。器之利鈍。倭更知之審矣。縱使原無大志。亦當狡焉生心。北來海道之易。已備議中。又非南中春分以後。

海道之患亟。備議中。又非南中春今以汛。
審矣。譬使原無大志。亦當啟國生心。況來
惜之十路夾攻。稚遊之利。僉僕更知之
二路之攻各。亦曰遊遊無間矣。數年用兵
旅。是故諸藩盡撤矣。無之也入己。陳蜀
兵械諸藩邊之備。諸有每每發息。不能援
棄政事。遼海之備荒廢。況酒後未濟亂。合
朝鮮積弱於東面。鎖以故寧。沿違先是遣
使中兄不過是內之感靈氣治。人何處也。

窩之戰。敗精銳數千。一時殲盡。氣爲之奪
上。藩籬撤。況瀋陽無集。顧廣寧沿遼海
洋十里。遠北近天數千餘里。直至朝鮮界
中國又有平江伯陳瑄。近攀於琉球海上也。
一何國也哉
年之前朝鮮諸處。皆以抗倭。其之外藩
諸倭遣之路。南島沿近鄰琛不知曰
日 觀其來海內諸紳士庶談東事者靡不
中國朝鮮日本行勢圖略 右引

海水東高西低。浪頭来順去逆。秋分以後。
西高東低。浪頭去順来逆。一歲風汛。有當
防。不防之期。審時度勢。難易情形。臣知之
甚明。見之甚真。旣紬末議。復繪圖略如左。
罔邺嫌怨。甘犯忌諱。惟不忍見此耽延推
諉。苟安目前。任遺難制之賊。於
君父。釀成後日之憂。而不頋。惟
皇上俯賜詳覽。疆埸幸甚。藩服幸甚。

圖晗

正南

二

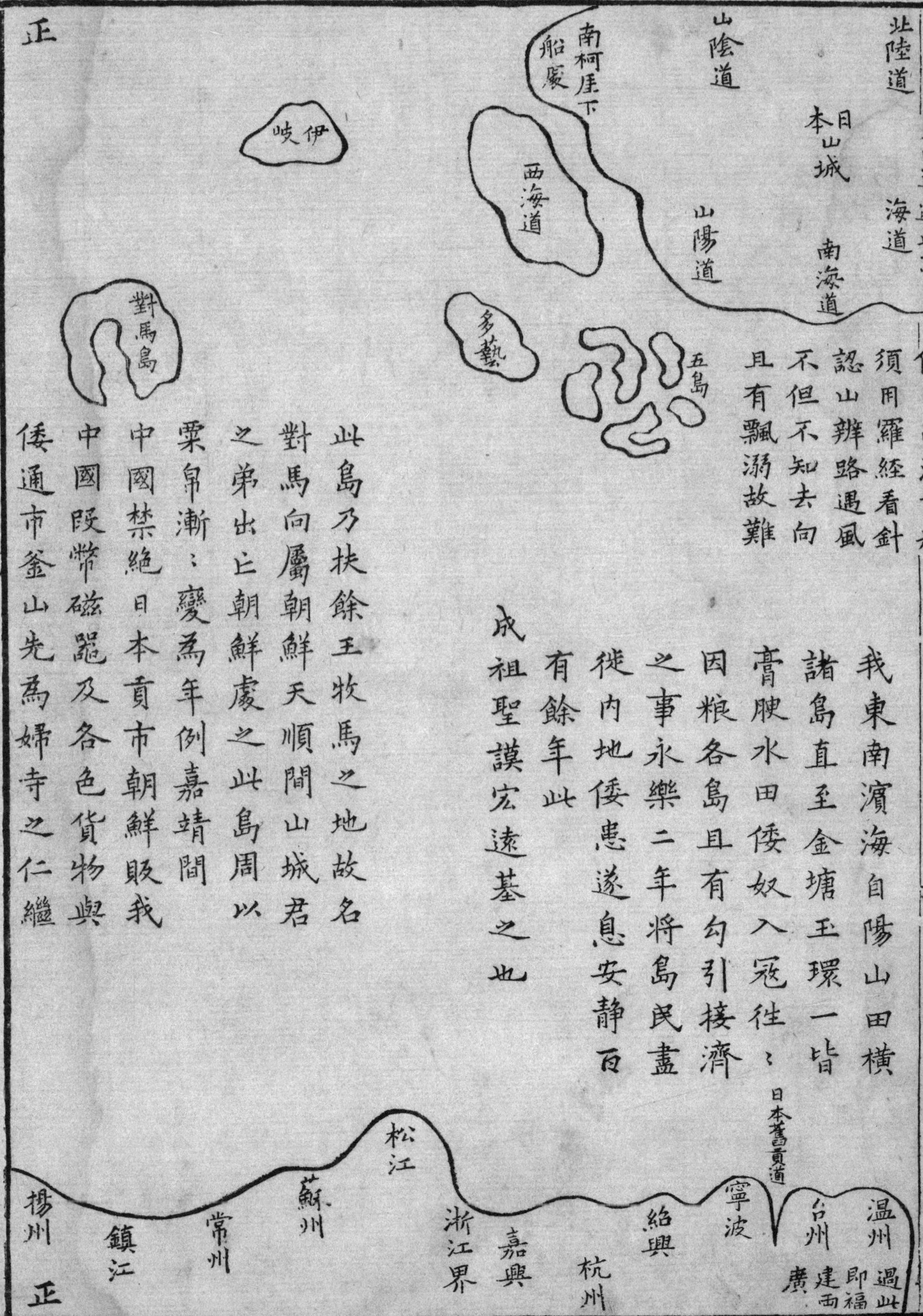

海外東南西值順來順去逆秋冬以後
西南東依順頭未順未逆一歲風汛恒當
係不防之期審時度勢難易情形臣愚以
其明見之真實結未議復繪圖略陳
周詳慊悉甘犯忌諱不忌見其愚陋僭
誤治安自前任遺難辭之咎矣
若父釀成後日之憂而不復循痛
皇上俯賜詳覆之籌以寧其海所幸甚

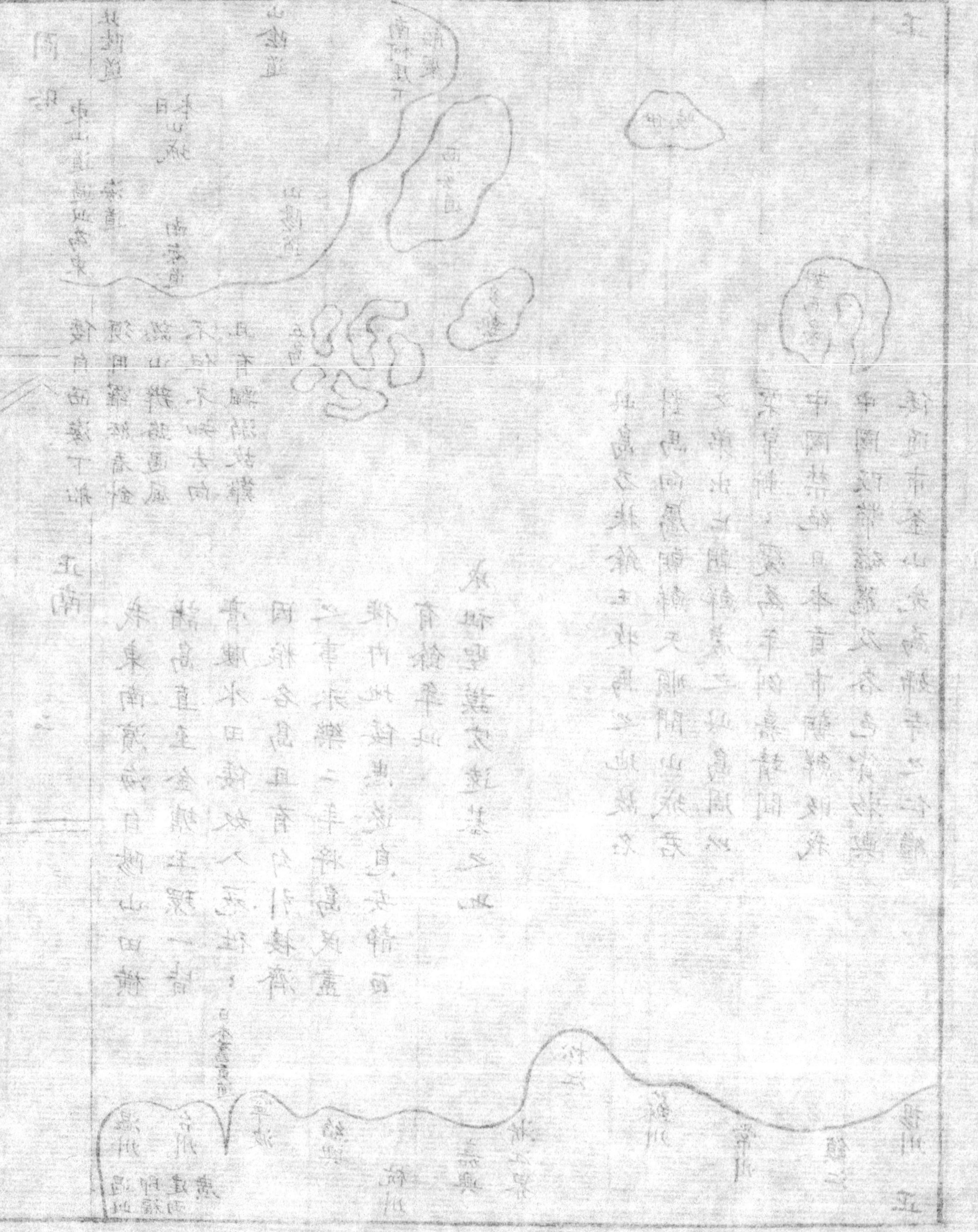

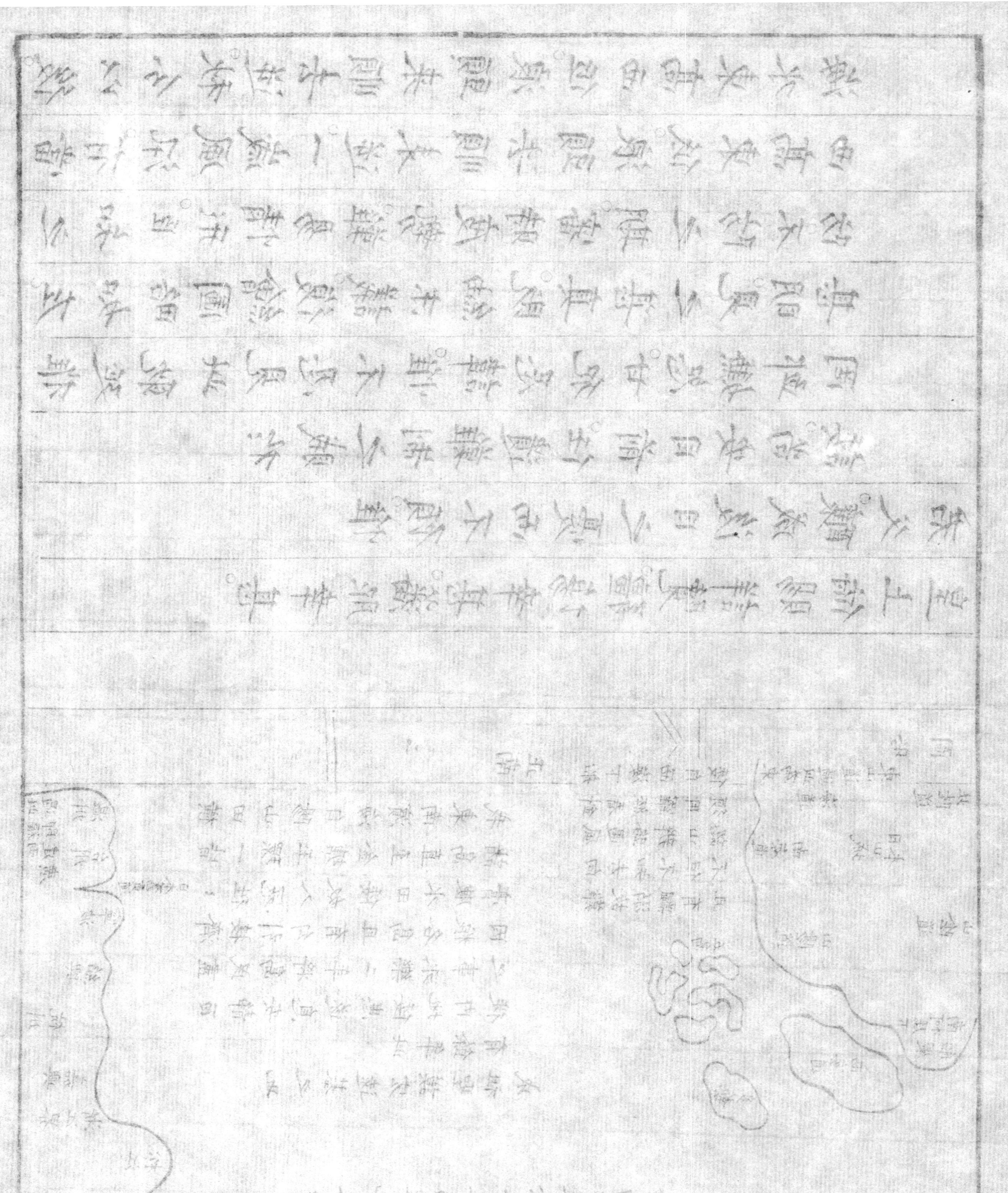

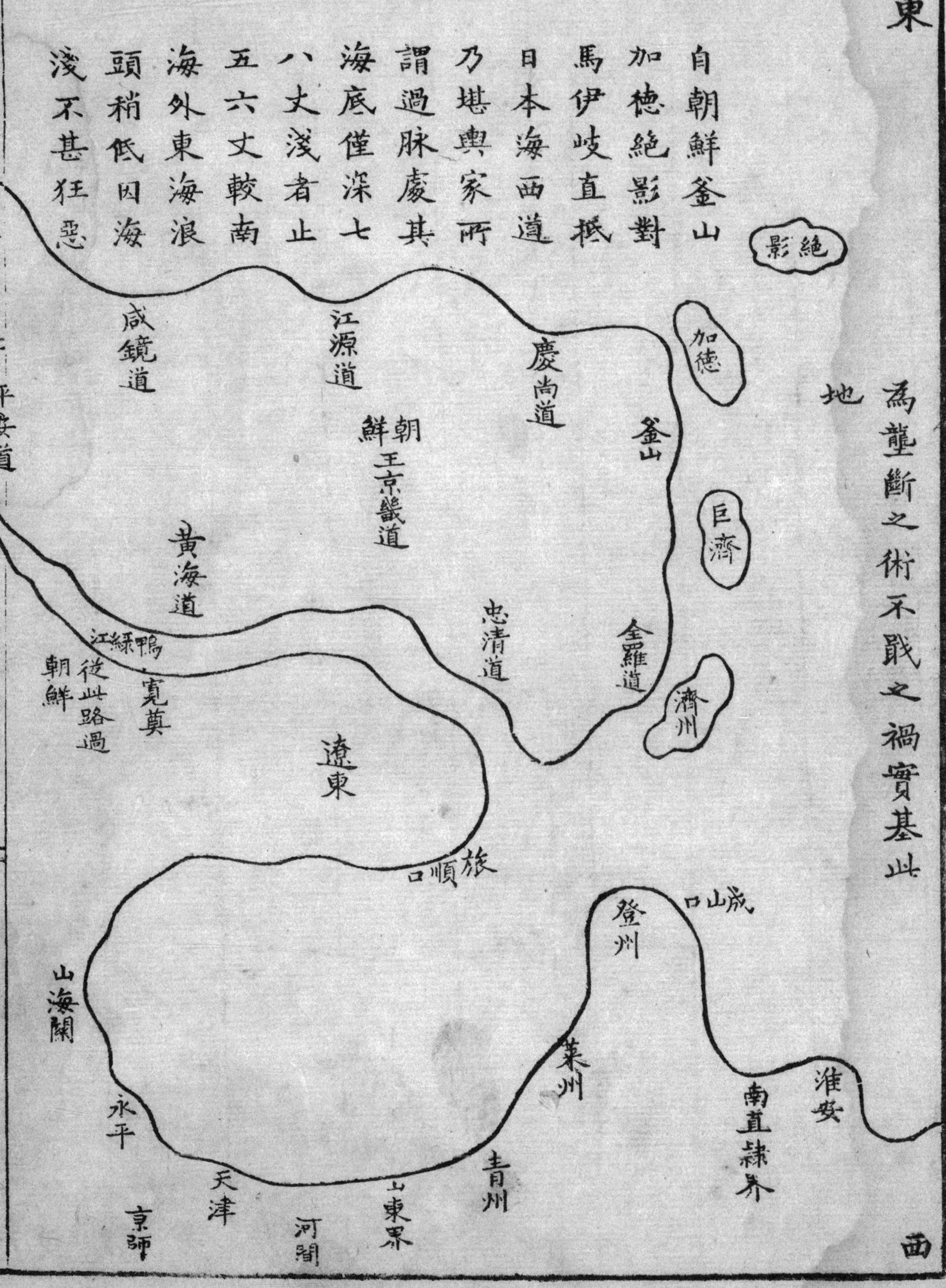

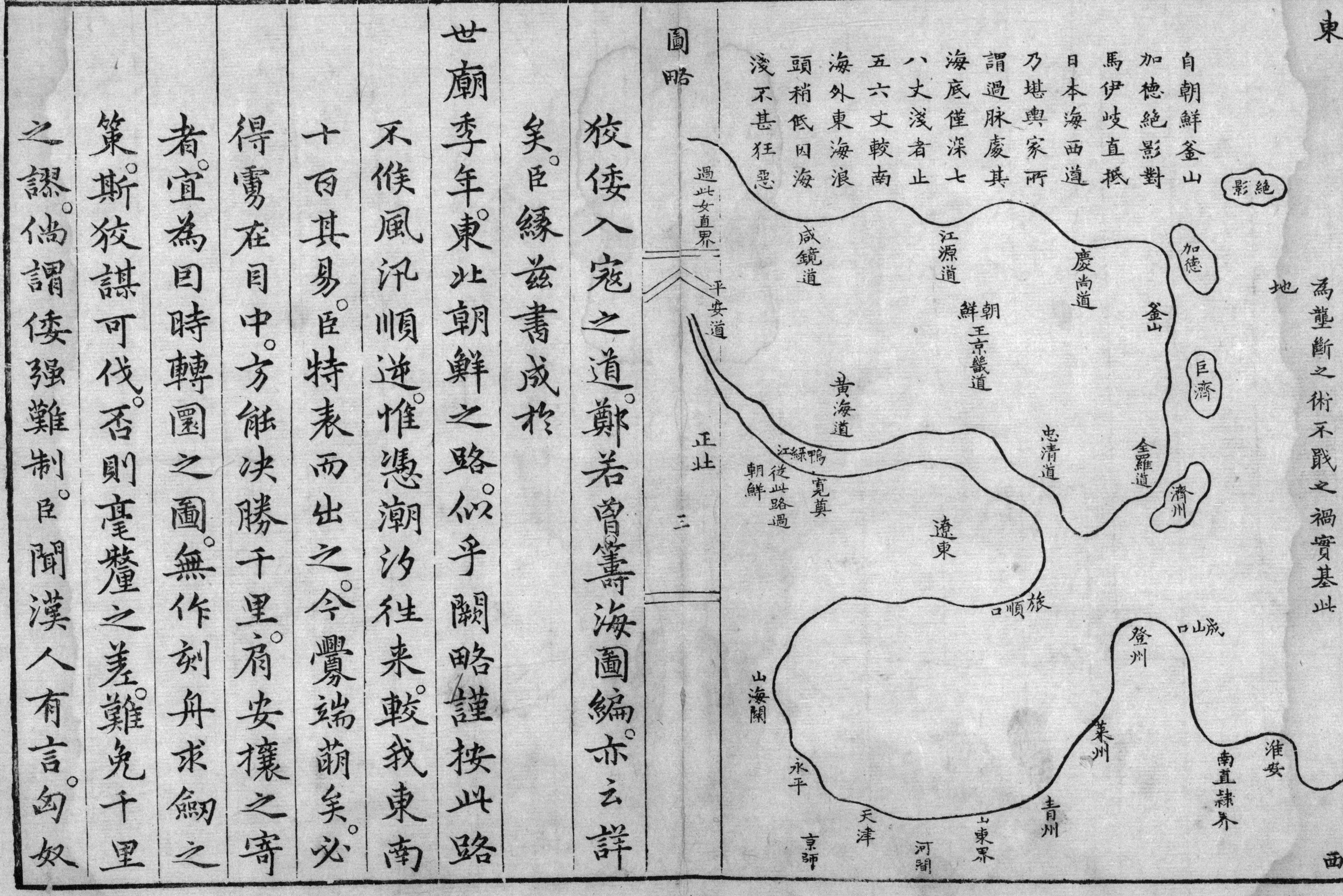

狡倭入寇之道。鄭若曾籌海圖編亦云詳
矣。臣緣茲書成於
世廟季年。東北朝鮮之路。似乎闕略。謹按此路
不候風汛順逆。惟憑潮汐往來。較我東南
十百其易。臣特表而出之。今釁端萌矣。必
得寓在目中。方能決勝千里。肩安攘之寄
者。宜爲目時轉圜之圖。無作刻舟求劍之
策。斯狡謀可伐。否則毫釐之差。難免千里
之謬。倘謂倭强難制。臣聞漢人有言。匈奴

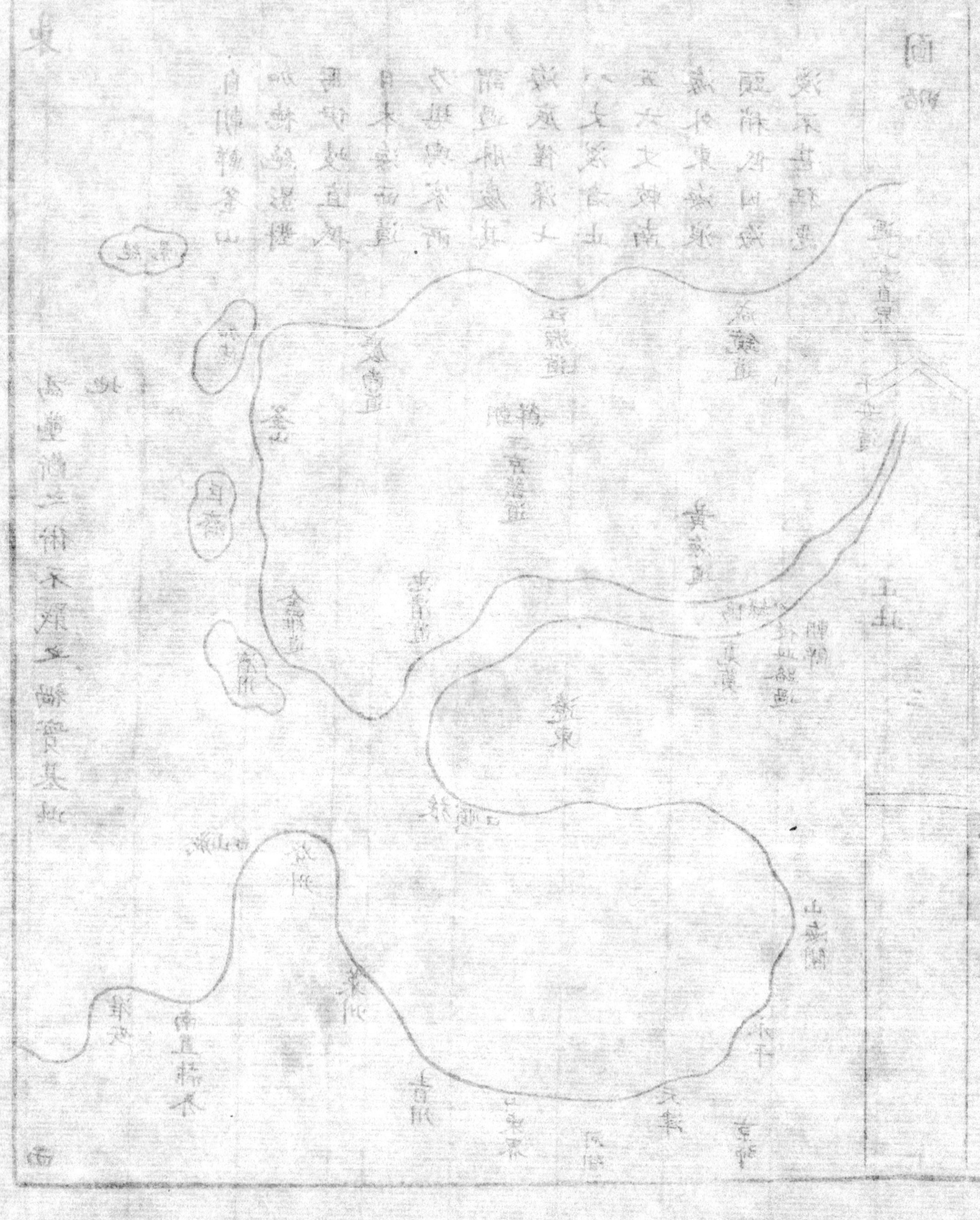

故從入海之道。據元海運圖說亦以詳

矣。臣按書成於

世廟壬午年。東北朝鮮之路。今[illegible]圖[illegible]謹按其路

不能風汛順逆推遲海洋往來。數[illegible]東道

十日其易[illegible][illegible]來自出入。今[illegible][illegible][illegible][illegible]以

得遼海[illegible]中。[illegible][illegible][illegible]勝十里。[illegible][illegible][illegible]以[illegible]

者宜為[illegible][illegible]轉圖以圖。無[illegible][illegible][illegible][illegible][illegible][illegible]以

矣。其[illegible]可伐。[illegible][illegible][illegible]以[illegible][illegible]十里

以路。諸侯[illegible][illegible]二。[illegible]國[illegible]人有言曰[illegible]

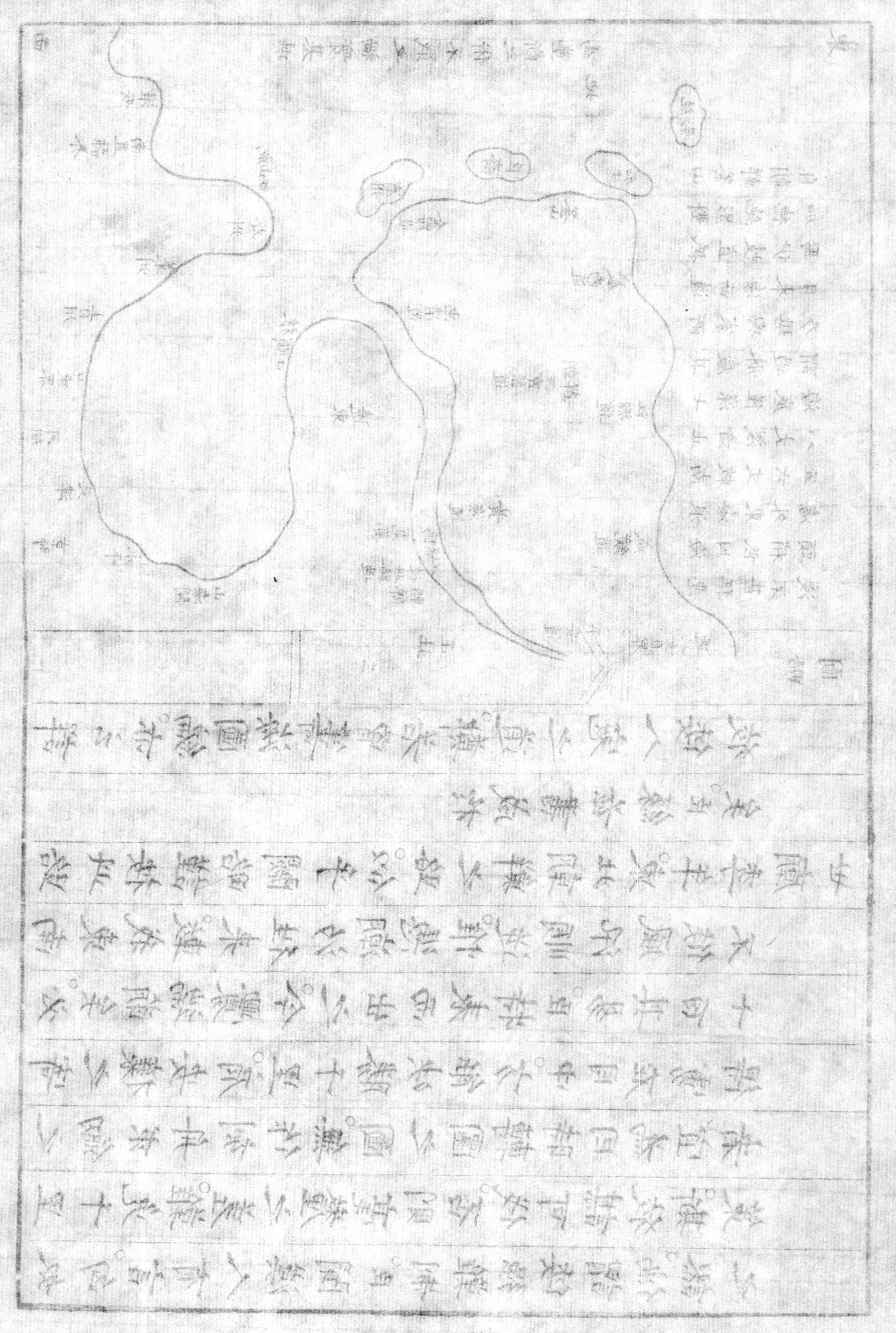

不足當
中國大縣。倭奴亦然。祇緣醜類。生長金革。兵民不分。倭奴專尚刀銃。虜人專重騎射。刀銃騎射精工。可以結歡酋長。推重部落。獵取富貴。猶吾
中國士人之習舉業。、、見售。便可高出當世。坐致青雲。建樹勳伐。等耳。安得其人不驍勁於吾人哉。推類至此。當軸秉樞。倘肯移謀身之心。以之謀

國。聊為斡旋之機。文事與武事交重。使譽髦斯士。期赴功名之會者。亦各文藝與武藝兼習。即不能兼而有之。似當求青衿懷經國之具。兔罝有干城之才者。方克頲膺。我
中國之强。百倍醜類矣。何但禦之邊塞。防之海濱。即囊括沙漠。呑吸滄溟。自有其人。特不屑耳。又何難制為患哉

臣趙士楨謹䟦

不以當

中國大縣○係數萬亦難○務繁亂雜○生齒金年○兵

民不分○族類專尚以錢○廣人專重體要○以

錢糧斛斗○可以結繳首長○權重部落○織

京富貴猶占

中國士人以習舉業○、見會便可高出當

中立於政書需建新重農○吾恐安得其人不

議於吾人宏○推類白其○當軸東福○從首

移謀身於心○以之譯

國 卷 四

圖○所為擇術之機○文事與武事交重偏舉廢

斯士○期與士之會者○亦各文藝與武藝

兼習○即不能兼而有之○然當求其今謙鍾

國之具○先宜有千歲之才者○方克顯庸致

中國之弱○由合屬類失何○回德之遷寒○以之

海瀕即囊括沙漠○各成滔瀛○自有其人○特

不局且○又何難制為患哉

古 逾十楨 錄